ZEN

A ARTE DE VIVER COM SIMPLICIDADE

ZEN

A ARTE DE VIVER COM SIMPLICIDADE

100 práticas para uma vida feliz

SHUNMYO MASUNO

ILUSTRAÇÃO
Harriet Lee-Merrion

TRADUÇÃO
Alexandre Boide

Edição publicada mediante acordo com Penguin Books, um selo da Penguin Publishing Group, uma divisão da Penguin Random House LLC, e em associação com Mikasa-Shobo Publishers Co., Ltd., Tokyo c/o Tuttle-Mori Agency, Inc., Tokyo

O selo Fontanar foi licenciado para a Editora Schwarcz S.A.

Grafia atualizada segundo o Acordo Ortográfico da Língua Portuguesa de 1990, que entrou em vigor no Brasil em 2009.

TÍTULO EM INGLÊS The Art of Simple Living: 100 Daily Practices from a Japanese Zen Monk for a Lifetime of Calm and Joy

CAPA Estúdio Bogotá

PREPARAÇÃO Silvia Massimini Felix

REVISÃO Jane Pessoa e Valquíria Della Pozza

Dados Internacionais de Catalogação na Publicação (CIP)
(Câmara Brasileira do Livro, SP, Brasil)

Masuno, Shunmyo
Zen: a arte de viver com simplicidade — 100 práticas para uma vida feliz / Shunmyo Masuno ; ilustração Harriet Lee-Merrion ; tradução Alexandre Boide. — 1ª ed. — São Paulo : Fontanar, 2019.

Título original: The Art of Simple Living: 100 Daily Practices from a Japanese Zen Monk for a Lifetime of Calm and Joy.
ISBN 978-85-8439-142-4

1. Budismo 2. Budismo costumes e práticas 3. Meditação (Budismo) 4. Simplicidade 5. Zen-budismo I. Lee-Merrion, Harriet II. Título.

19-25524 CDD-294.34

Índice para catálogo sistemático:
1. Budismo : Doutrinas e práticas : Religião 294.34

Iolanda Rodrigues Biode – Bibliotecária – CRB-8/10014

7ª reimpressão

EDITORA SCHWARCZ S.A.
Rua Bandeira Paulista, 702, cj. 32
04532-002 — São Paulo — SP
Telefone: (11) 3707-3500
facebook.com/Fontanar.br

SUMÁRIO

PARTE DOIS

TRINTA MANEIRAS DE GANHAR MAIS CONFIANÇA E CORAGEM PARA VIVER.

Tente mudar sua perspectiva.

PARTE TRÊS

VINTE MANEIRAS DE ALIVIAR A PREOCUPAÇÃO E A ANSIEDADE.

Tente mudar a forma como interage com os outros.

PARTE QUATRO

VINTE MANEIRAS DE TRANSFORMAR QUALQUER DIA NO MELHOR DE SUA VIDA.

Tente voltar sua atenção para o momento presente.

PREFÁCIO

Mudanças sutis de hábitos e de perspectiva. É tudo de que você precisa para levar uma vida simples.

Você visita um templo ou um santuário numa cidade antiga e observa a calmaria dos jardins.

Você transpira ao subir uma montanha e aprecia a vista deslumbrante lá do alto.

Você se posta diante de um mar cristalino e fica só olhando para o horizonte.

Já experimentou essa sensação revigorante nos momentos em que você se afasta da correria do dia a dia?

Seu coração parece mais leve, e uma energia calorosa percorre seu corpo. As preocupações e o estresse do cotidiano desaparecem por um instante, e você consegue viver o momento.

Hoje em dia, muita gente perdeu o senso de equilíbrio — as pessoas estão preocupadas e confusas tentando entender como levar a vida. É por isso que buscam experiências extraordinárias, numa tentativa de reequilibrar a mente.

No entanto...

Mesmo depois de se desligar por um tempo, o extraordinário permanece distante do cotidiano.

Ao retomar a vida de sempre, o estresse volta a pesar, e a mente se inquieta. Com o fardo se acumulando, você busca experiências extraordinárias. Esse ciclo sem fim lhe parece familiar?

Por mais que você se queixe da complexidade da vida, mudar o mundo não é tarefa fácil.

Se o mundo não vai se adaptar ao que você quer, talvez seja melhor promover uma transformação dentro de si.

Dessa forma, seja qual for o mundo em que se encontre, você conseguirá habitá-lo de forma confortável e tranquila.

Em vez de sair em busca do extraordinário, que tal se você pudesse viver de um jeito mais despreocupado, apenas com mudanças sutis em seu cotidiano?

Este livro é justamente sobre isto: uma vida simples, zen.

Mudar seu estilo de vida não é necessariamente difícil.

Bastam pequenas alterações em seus hábitos. Uma mudança sutil de perspectiva.

Não é preciso viajar às antigas capitais japonesas de Kyoto ou Nara; não é necessário escalar o monte Fuji; e você não tem que se mudar para perto do mar. Com esforços verdadeiramente mínimos, é possível vivenciar experiências extraordinárias.

Neste livro, vou lhe mostrar como fazer isso, com a ajuda do zen.

O zen se baseia em ensinamentos voltados fundamentalmente para o modo como as pessoas podem viver neste mundo.

Em outras palavras, o zen diz respeito a hábitos, ideias e dicas para uma vida feliz. Um baú de tesouros, se assim você preferir, contendo uma sabedoria de vida profunda, ainda que repleta de simplicidade.

O ensinamento zen pode ser representado por uma sequência de quatro frases, que significam basicamente o seguinte: "O despertar espiritual é transmitido fora dos sutras, e não pode ser vivenciado através de palavras ou letras; o zen se dirige de forma direta à mente humana, e permite que você entenda sua verdadeira natureza e atinja o estado de buda". Em vez de tentar fixar nossa essência em palavras escritas ou ditas, devemos encontrá-la na forma como se manifesta aqui e agora.

Tente não se deixar influenciar por valores alheios, não se abalar com preocupações desnecessárias e procure levar uma vida infinitamente simples, desprovida de coisas inúteis. Esse é o "estilo zen".

Quando você adotar esses hábitos — e eu garanto que eles não têm nada de complicado —, suas preocupações vão desaparecer.

Desenvolvendo essa prática simples, a vida vai se tornar bem menos tensa.

É exatamente em virtude da complexidade do mundo que o zen oferece essas dicas para viver bem.

Hoje em dia, o zen vem recebendo cada vez mais atenção, não apenas no Japão, mas também em outras partes do mundo.

Eu sou mestre de um templo budista e trabalho com paisagismo de jardins zen — e não só para templos, mas também para hotéis, embaixadas e estabelecimentos semelhantes. Esses jardins não são exclusividade dos japoneses — eles transcendem a religião e a nacionalidade, e são capazes de conquistar também o coração dos ocidentais.

Se você tiver a oportunidade de ficar diante de um desses jardins, com certeza deixará de encarar com estranhamento a ideia do zen. Eles têm a capacidade de revigorar sua mente e seu espírito. O falatório incessante e a agitação em sua mente logo se transformarão em silêncio e calmaria.

Na minha opinião, observar um desses jardins explica muito mais sobre os conceitos do zen do que ler os inúmeros textos que explicam essa filosofia.

Foi por isso que decidi que este livro se concentraria na prática. Em vez de compreender o zen com o intelecto, espero que você adote as práticas apresentadas aqui como uma forma de treinamento.

Mantenha o livro sempre por perto e, quando a ansiedade e a preocupação dominarem sua mente, recorra a estas páginas.

As respostas que procura estão dentro de você.

Gassho

SHUNMYO MASUNO

PARTE UM

TRINTA MANEIRAS DE ENERGIZAR SEU "EU PRESENTE"

Tente promover uma mudança sutil em seus hábitos.

I

RESERVE UM TEMPO PARA O VAZIO.

Em primeiro lugar, observe-se.

Seja exatamente como você é,
mas sem pressa, sem impaciência.

Em nossa vida cotidiana, quem tem tempo para pensar em nada?

Imagino que a maioria das pessoas diria: "Eu não posso perder tempo com isso".

Somos pressionados pelo tempo, pelo trabalho e por todo o resto. A vida nunca esteve tão corrida. Todos os dias, precisamos nos esforçar para dar conta de tudo o que é preciso fazer.

Se entrarmos nesse tipo de rotina, perderemos de vista — de forma inconsciente porém inevitável — nosso verdadeiro eu e a verdadeira felicidade.

Seja qual for o dia, você só precisa de dez minutos. Tente arrumar um tempo para o vazio, para não pensar em nada.

Tente apenas limpar a mente, sem se deixar envolver pelas coisas ao redor.

Diversos pensamentos surgirão em sua mente, mas tente afastá-los, um a um. Ao fazer isso, você começará a prestar mais atenção ao momento presente, às mudanças sutis que ocorrem na natureza e nos mantêm vivos. Quando não se distrair com outras coisas, seu eu mais puro e sincero pode se revelar.

Reservar um tempo para não pensar em nada. Esse é o primeiro passo para criar uma vida simples.

2

ACORDE QUINZE MINUTOS MAIS CEDO.

A receita para quando não sobrar espaço em seu coração.

A correria faz com que você perca
o contato com seu coração.

Quando estamos sem tempo, essa escassez se estende para o nosso coração. Automaticamente dizemos: "Não posso, não tenho tempo para isso". E é assim que nossa vida se torna ainda mais caótica.

Mas estamos de verdade tão ocupados assim? Não somos nós mesmos os responsáveis por toda essa correria?

Em japonês, o caractere usado para a palavra "ocupado" é escrito juntando os símbolos de "perder" e "coração".

Se estamos ocupados, não é porque não temos tempo suficiente. Estamos ocupados porque estamos sem espaço em nosso coração.

Principalmente quando a vida estiver um caos, tente acordar quinze minutos mais cedo. Alongue as costas e respire fundo, a partir do ponto logo abaixo do umbigo — o local do corpo que chamamos de *tanden*. Com a respiração regularizada, sua mente pouco a pouco se acalmará.

Depois, quando estiver bebendo uma xícara de café ou de chá, olhe para o céu pela janela. Tente ouvir o canto dos passarinhos.

Acordar quinze minutos mais cedo o liberta magicamente da correria.

3

DESFRUTE DO AR DA MANHÃ.

Nisso reside o segredo da longevidade de um monge.

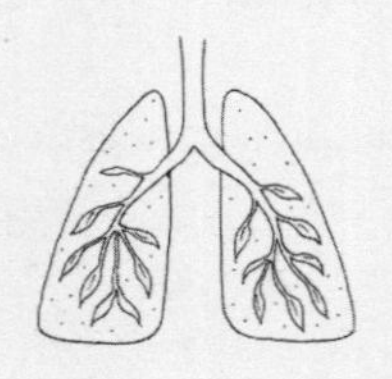

Cada dia é único.

Dizem que os monges budistas que praticam o zen vivem bastante.

Obviamente, a dieta e as técnicas respiratórias são fatores importantes, mas acredito que um estilo de vida ordeiro e estruturado também exerce uma influência positiva, tanto em termos físicos como espirituais.

Eu acordo todos os dias às cinco da manhã, e a primeira coisa que faço é encher os pulmões com o ar matinal. Enquanto caminho pela área principal do templo, pelo saguão e pelo alojamento dos monges, abrindo as janelas, meu corpo sente a mudança das estações. Às seis e meia, conduzo a liturgia budista entoando as escrituras, e em seguida tomo o café da manhã. O que vem depois é a tarefa daquele dia, seja qual for.

O mesmo processo se repete todos os dias, mas cada um é diferente do outro. O aroma matinal, o momento em que o sol se levanta, o toque da brisa no rosto, a cor do céu e das folhas nas árvores — tudo está em constante transformação. A manhã é o momento do dia em que é possível vivenciar por completo essas mudanças.

É por isso que os monges praticam o zazen antes do amanhecer, para experimentar fisicamente essas mudanças na natureza.

Com a primeira prática zazen do dia, *kyoten* zazen — zazen da manhã —, nutrimos nossa mente e nosso corpo respirando o belo ar da manhã.

4

ALINHE SEUS SAPATOS QUANDO TIRÁ-LOS.

Isso acrescentará beleza à sua vida.

A desordem em sua mente se torna aparente em seus pés.

Há tempos se diz que é possível concluir muita coisa a respeito de uma residência apenas observando o hall de entrada — em especial nos lares japoneses, onde as pessoas devem tirar os calçados logo depois de passarem pela porta. É possível adivinhar o estado mental daqueles que vivem ali só de verificar se os sapatos estão perfeitamente alinhados ou espalhados pelos cantos.

No zen-budismo, temos um ditado que avisa: "Olhe com atenção para o que está sob seus pés". Isso tem um sentido literal, mas também sugere que aqueles que não prestam atenção nos próprios passos não têm como conhecer a si mesmos nem como saber que rumo sua vida está tomando. Pode parecer um exagero, mas esse pequeno detalhe pode ter uma influência tremenda na maneira como você leva sua vida.

Quando chegar em casa, tire os sapatos e deixe-os perfeitamente alinhados junto à porta da frente. Apenas isso. Levará somente três segundos.

Mas, exercitando esse hábito, tudo vai parecer inexplicavelmente mais claro e ordenado. Isso acrescentará beleza à sua vida. A natureza humana é assim.

Tente voltar sua atenção para os pés.

Ao alinhar os sapatos, você dá o primeiro passo para o seu destino.

5

DESCARTE AQUILO DE QUE NÃO PRECISA.

Isso vai revigorar sua mente.

Desfaça-se das coisas antigas antes de adquirir novas.

Quando a situação não está boa, nossa tendência é pensar que está faltando algo. Mas, se quisermos mudar nossa condição, precisamos nos desfazer do que temos antes de adquirirmos mais coisas. Trata-se de um princípio fundamental para uma vida simples.

Livre-se de seus apegos. Abandone seus prejulgamentos. Reduza suas posses. A vida simples implica descartar os fardos físicos e mentais que você carrega.

É incrível o quanto podemos nos sentir revigorados depois de chorar. O choro alivia o eventual peso que você estava carregando em seu coração. Você volta a ter energia para tentar de novo. Sempre tive a impressão de que o conceito budista de "mente iluminada" — que os caracteres japoneses representam como uma "mente limpa" — se refere a essa forma de revigorar o espírito.

O ato de descartar, de se desvencilhar dos fardos desnecessários e dessa bagagem que pesa sobre nós, é uma medida dificílima. Às vezes vem acompanhado de um sofrimento real, como se estivéssemos nos separando de alguém querido.

Mas, se você quer que as coisas melhorem, se quer viver com o coração leve, comece fazendo uma limpeza. Assim que você se desapegar, uma nova forma de abundância preencherá sua vida.

6

ORGANIZE SUA MESA DE TRABALHO.

A limpeza aprimora a mente.

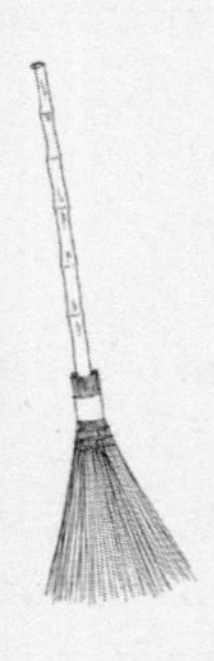

Sua mesa de trabalho é um espelho que reflete seu estado mental.

Dê uma olhada ao redor, para as mesas de seu local de trabalho. As pessoas que mantêm suas mesas sempre arrumadas provavelmente são boas no que fazem. Por outro lado, aquelas cujas mesas estão sempre bagunçadas podem estar desconfortáveis e ter dificuldades para se concentrar em suas tarefas.

Quando as coisas estiverem fora de ordem, arrume. Quando as coisas ficarem sujas, limpe. Antes de dar o trabalho do dia por encerrado, arrume e organize sua mesa. Pessoas que mantêm esse hábito sentem a cabeça muito mais arejada. São capazes de dedicar cem por cento de seu foco ao trabalho, sem distrações.

Nos templos zen, os monges fazem faxina todas as manhãs e todas as noites. Nós nos dedicamos à limpeza de todo o coração, mas não porque o templo está sujo. O objetivo não é só deixar tudo brilhando, mas também polir nossas mentes.

A cada passada de vassoura, você limpa também a poeira acumulada em sua mente.

A cada passada de pano, seu coração reluz um pouco mais.

Isso se aplica à sua mesa de trabalho e também aos cômodos de sua casa. Não se deixe atrapalhar por ansiedades e atribulações — a chave para manter o vigor de sua mente é fazer da arrumação das coisas ao seu redor uma prioridade.

7

PREPARE UM CAFÉ DELICIOSO.

Faça as coisas sem pressa e sinta-se mais feliz.

Quando eliminamos o esforço,
eliminamos os prazeres da vida.

O que você faz quando quer uma xícara de café? Se estiver em casa, liga a cafeteira. Se estiver fora, toma um cafezinho em algum lugar. Ambas as coisas são perfeitamente naturais.

Mas vamos imaginar uma situação diferente.

Primeiro, você iria até um bosque para cortar lenha. Depois acenderia uma fogueira para ferver a água. Ao moer os grãos do café, olharia para o céu e diria: "Que dia mais lindo".

O café preparado dessa forma provavelmente parecerá bem mais gostoso que o saído de uma máquina. O motivo, talvez, é porque cada parte do processo foi levada em conta — cortar a lenha, acender o fogo, moer os grãos. Não há nada que seja irrelevante em nenhuma dessas ações. É isso o que chamo de viver.

A vida exige tempo e esforço. Ou seja, quando eliminamos tempo e esforço, eliminamos os prazeres da vida.

De tempos em tempos, experimente aquilo que é o oposto do mais conveniente.

8

CAPRICHE AO PÔR A CANETA SOBRE O PAPEL.

Seu verdadeiro eu pode se revelar em sua caligrafia.

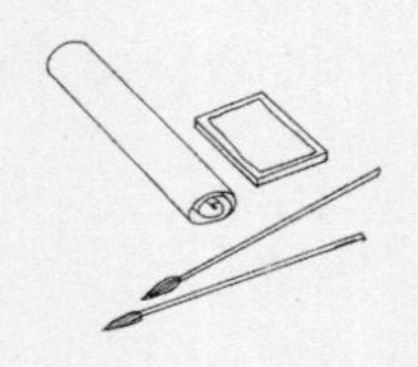

Volte sua atenção para dentro.

Os monges zen têm grande interesse pela caligrafia e pela pintura.

O que essas artes podem representar para nós, em especial como parte da prática zen? Nosso propósito não é deixar uma obra de caráter duradouro ou nos gabar de nossas habilidades, e sim nos expressarmos através da arte.

Por exemplo, há uma intensidade indescritível na caligrafia do celebrado monge zen Ikkyu. O espírito expresso em sua obra impressiona aqueles que têm contato com ela. Da mesma forma, as paisagens pintadas por Sesshu, aquelas ondas em borrões de tinta, contêm a essência de seu espírito.

É possível afirmar que essa caligrafia e essas pinturas são destilações do eu interior de seus autores.

A prática da caligrafia e da pintura é uma forma de você se conectar consigo mesmo. Basta deixar de lado as distrações e deslizar o pincel sobre o papel.

Tente escrever e desenhar com capricho — não com a intenção de mostrar o que fez a outra pessoa, mas como uma forma consciente de encontrar seu eu interior.

Seu verdadeiro eu se revelará através de um simples traço ou uma letra.

9

TENTE FALAR MAIS ALTO.

Essa é uma forma de se motivar.

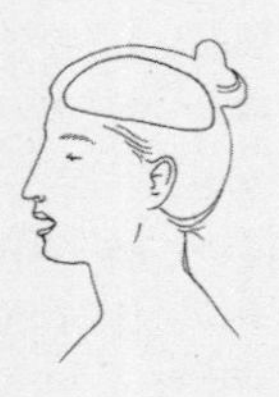

Eleve sua voz e desperte seu cérebro.

Você já viu um monge zen entoando os sutras?

Sua voz ressoa pelo templo enquanto ele entoa os sutras em alto e bom som como uma oferenda. E, se há vários monges cantando, a intensidade de suas vozes parece fazer até o chão reverberar.

Por que eles entoam os sutras com tamanho vigor?

Existe uma boa razão.

Quando você fala alto, obviamente consegue se ouvir com clareza. Mas, acima de tudo, isso estimula e ativa seu cérebro. Nós monges acordamos cedo e, antes de mais nada, entoamos os sutras como uma forma de despertar o cérebro.

Para cantar alto, precisamos nos posicionar corretamente e respirar a partir do abdome. Os cantores de ópera usam a mesma técnica. Isso é ótimo para o corpo. Por isso, faz sentido entoar os sutras tão alto.

Uma vez por dia, tente elevar o tom de voz, mesmo que seja só para dar um bom-dia mais vigoroso. Você vai se surpreender com a sensação positiva que isso traz.

10

NÃO NEGLIGENCIE SUAS REFEIÇÕES.

Torne a comida o foco principal.

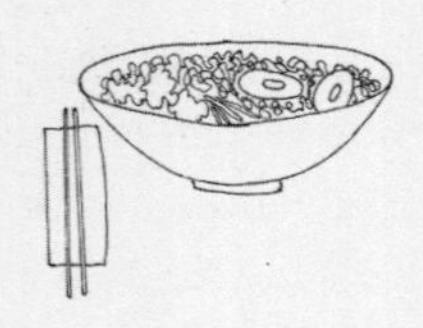

"Coma e beba de todo o coração."

Quando você come, se concentra de fato no ato de comer? O café da manhã é feito às pressas, já a caminho da porta. O almoço com os colegas de empresa é usado para conversar sobre trabalho. E o jantar acontece diante da televisão. O ato de comer muitas vezes é negligenciado, não é mesmo?

Existe um ditado no zen-budismo: "Coma e beba de todo o coração". Isso significa que, quando você tomar uma xícara de chá, deve se concentrar apenas em beber o chá. Quando fizer uma refeição, concentre-se apenas em comer. Quando apreciar um prato, pense na pessoa que o preparou. Visualize a horta onde os alimentos foram plantados. Sinta gratidão por esse tesouro da natureza.

Nossa comida passa pelas mãos de centenas de pessoas antes de chegar até nós. Ao adotar essa mentalidade durante suas refeições, talvez você se dê conta da sorte que tem.

Por que sentimos prazer com coisas deliciosas?

Porque a vida dentro de nós saboreia aquilo que foi cultivado pela vida dentro de outras pessoas.

II

QUANDO COMER, FAÇA UMA PAUSA DEPOIS DE ENGOLIR.

Saboreie a sensação de gratidão.

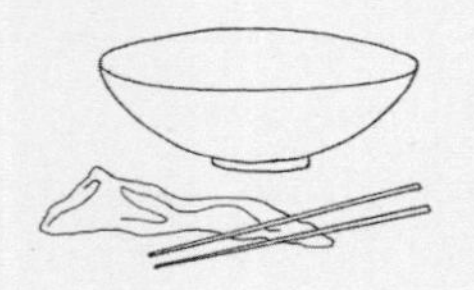

A prática zen não se resume a sentar e meditar.

As refeições dos monges zen praticantes se baseiam na culinária *shojin*, a cozinha vegetariana budista. O café da manhã, chamado de *shoshoku*, é composto de mingau de arroz e picles. No almoço, *tenshin*, há sopa de arroz, mais uma vez acompanhada de picles. E o jantar, que chamamos de *yakuseki*, é uma refeição simples — apesar de geralmente ser a maior do dia — que consiste em um prato de vegetais e mais arroz e sopa. As eventuais repetições se limitam ao arroz, e carnes nunca são servidas.

A maneira apropriada de fazer refeições zen envolve uma coisa chamada "As Cinco Reflexões". Em resumo:

1. Levamos em consideração os esforços daqueles que nos trouxeram a comida, e nos sentimos gratos por isso.
2. Refletimos sobre nossas atitudes e comemos em silêncio.
3. Saboreamos o alimento sem avidez, raiva ou desatenção.
4. Consideramos a comida um remédio para nutrir um corpo saudável e fortalecer nosso espírito.
5. Recebemos de bom grado a comida como parte de nosso caminho de harmonia rumo à iluminação.

Refletimos sobre esses cinco aspectos a cada refeição, agradecendo pelo alimento, e fazemos uma pausa cada vez que engolimos, baixando nossos palitos de bambu. O objetivo é nos permitir saborear a sensação de gratidão a cada bocado que comemos.

As refeições não servem apenas para saciar a fome. São também um importante momento para praticar nosso treinamento.

12

DESCUBRA OS BENEFÍCIOS DE UMA DIETA VEGETARIANA.

Uma "limpeza rápida" para seu corpo e sua mente.

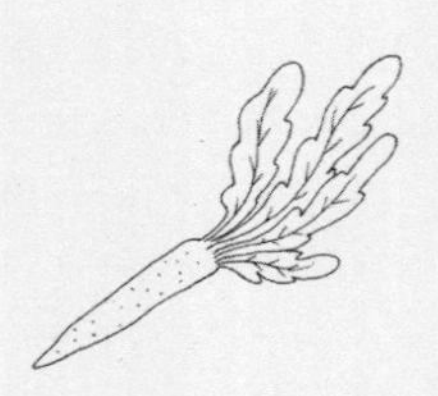

Inspire-se na belíssima postura de um monge zen.

Monges virtuosos têm uma bela aparência.

Não estou afirmando que tenham um rosto atraente ou que sejam elegantes; estou falando sobre a beleza que parece irradiar de sua pele e de seu corpo. Sua postura corporal, estejam eles sentados ou de pé, é belíssima. Sua imagem foi moldada pela prática consciente e diária de acordar cedo para seu treinamento zen.

Existe uma ligação direta entre mente e corpo. Quando você aperfeiçoa sua mente, a vitalidade de seu corpo é renovada.

A comida em geral não serve apenas para o corpo. Também tem um efeito significativo sobre a mente. O alimento é o que constrói tanto o corpo como a mente.

Quando você adota uma dieta de origem vegetal, sua mente se pacifica, sem se deixar abalar por pequenas irritações. Isso se revela no brilho da pele. Por outro lado, comer apenas carnes instiga um espírito combativo. Sem que você perceba, sua pele começa a perder a coloração.

Entendo que pode parecer um exagero eliminar completamente as carnes e os peixes da dieta.

Minha recomendação: tente comer apenas alimentos de origem vegetal uma vez por semana.

13

PROCURE SUAS PALAVRAS FAVORITAS.

Encontre tempo para sua mente.

Um exemplo: "Todas as coisas vêm do nada" —
um preceito zen para se livrar do apego.

Antigamente, todos os lares japoneses tinham um recanto chamado *tokonoma*.

Um pergaminho era ali pendurado, e as pessoas podiam refletir a respeito dele quando chegavam em casa. Fosse uma pintura ou um ideograma expressando um princípio para servir como guia, o *tokonoma* revelava o espírito e o estilo de vida das pessoas que residiam no local.

Pense na ideia de decorar sua casa com palavras — pode ser um ditado inspirador, uma citação de alguém que você admira ou algo que estimule a autorreflexão. Você não precisa de um recanto especial para isso — a parede da sala de estar pode cumprir esse papel. Não importa se a caligrafia é particularmente bela também.

Essa simples presença proporciona um tempo e um espaço para uma contemplação serena.

Caso não consiga pensar no que escrever, posso sugerir o seguinte:

"Dentro do nada existe um potencial infinito."

Isso significa que os seres humanos nascem sem nenhuma posse. Mesmo assim, dentro de todos nós reside um potencial infinito.

Por essa razão, não há nada a temer. Não há motivo para preocupação. Essa é a verdade.

14

REDUZA SUA QUANTIDADE DE PERTENCES.

Adquira apenas aquilo de que precisa.

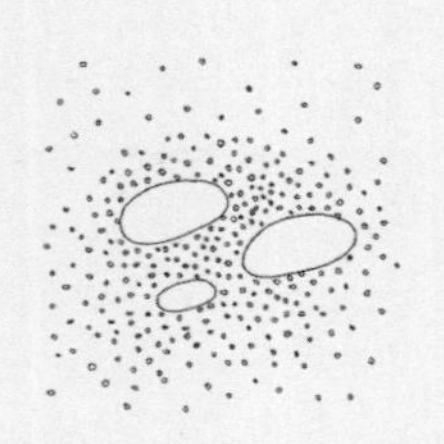

O conceito de exaurir a essência das coisas.

Dentre os templos de Kyoto, o jardim de pedras de Ryoanji e as instalações de Daisenji são modelos exemplares de jardins zen.

Ambos são chamados de jardins secos, porque não se valem de lagos, fontes ou outros elementos aquáticos para compor uma bela paisagem.

O fato é que, mesmo sem a presença de água, ainda é possível ter a sensação de uma nascente fluindo pela montanha.

Feche os olhos, imagine um cenário com água. Permita que sua mente se demore ali.

Esses jardins são verdadeiras representações da libertação da nossa mente.

Nem sempre é necessário ter água para transmitir a ideia de fluidez. Elimine tudo o que é supérfluo e crie um jardim usando aquilo que tiver à mão. Mesmo quando dispuser de apenas um exemplar de determinada coisa, existem várias formas de usar sua imaginação e engenhosidade.

Nas compras para o dia a dia, antes de adquirir alguma coisa nova, reflita se realmente precisa daquilo e repense tudo o que você já tem.

Poder adquirir muitas coisas não é sinal de liberdade.

O importante é adquirir a mentalidade que permita usar as coisas livremente.

15

ORGANIZE SEU ESPAÇO PESSOAL DE FORMA SIMPLES.

Fazer isso também simplifica sua mente.

A diferença entre simplicidade e frugalidade.

A relação entre mente e corpo é similar àquela atribuída ao ovo e à galinha.

Cultivando uma mentalidade simplificada, seu corpo naturalmente se tornará mais esbelto. Da mesma forma, ao cuidar da dieta e fortalecer o corpo, sua mente também se tornará mais saudável e vigorosa.

O mesmo vale para a conexão entre sua mente e o meio em que você vive. Se você pretende simplificar seu eu interior, organize sua casa usando o mínimo possível.

A beleza está na simplicidade do estilo de vida. Esse é o espírito do zen.

A simplicidade consiste em descartar o que não é útil. Determine se cada coisa é de fato necessária e, caso seja, cuide bem dela. É um conceito diferente da ideia de frugalidade. Ser frugal é subsistir com coisas de baixo valor. E não estou me referindo ao preço — o valor também inclui a profundidade do sentimento nutrido pelos objetos.

Viver com simplicidade significa que, por exemplo, a caneca usada todos os dias para tomar café é aquela de que você realmente gosta — e deve ser bem cuidada e continuar tendo serventia por muito tempo. Adquira apenas as coisas que serão mesmo necessárias. A simplicidade no estilo de vida é uma prática fundamental para aprimorar a mente.

16

PROCURE ANDAR COM OS PÉS DESCALÇOS.

Como se manter longe de doenças.

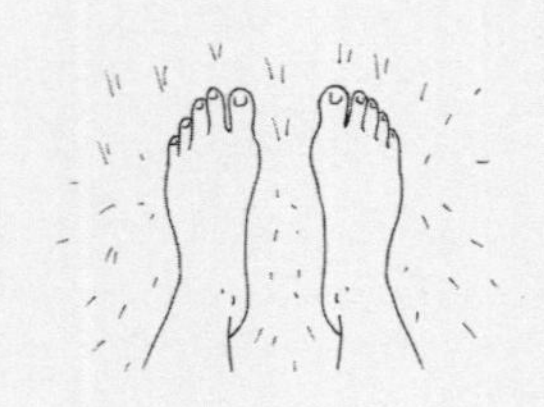

O motivo pelo qual os monges andam descalços.

Os monges ficam descalços durante os 365 dias do ano. E as roupas que usamos são feitas com tecidos bem simples. Mesmo em pleno inverno, continuamos nos vestindo da mesma forma.

Para um aprendiz, isso pode ser bem difícil, mas, quando ele se adapta, torna-se uma coisa revigorante. Como esse estilo de vida fortalece o corpo naturalmente, os monges quase nunca ficam resfriados. Embora uma pessoa de minha idade possa recorrer a meias no inverno, pés aquecidos não compensam o prazer de pés descalços.

É por isso que, quando saio, faço questão de usar apenas sandálias de dedo.

Isso também faz muito bem para a saúde.

A junção entre o dedão do pé e o segundo dedo é sabidamente um local onde se concentram vários pontos de pressão relacionados aos órgãos internos e ao cérebro. Quando você usa sandálias de dedo, as tiras estimulam esses pontos, tornando sua caminhada uma espécie de massagem.

Ande com os pés descalços em casa e use sandálias de dedo quando sair.

Pense em fazer isso em seus dias de folga.

17

SOLTE O AR COM FORÇA.

Como eliminar sentimentos negativos.

Aprimore sua respiração e o mesmo acontecerá com sua mente.

Na palavra japonesa para "respiração", *kokyu*, o caractere para "expirar" vem antes do caractere para "inspirar". Ou seja, o ato de soltar o ar vem antes da ação de encher os pulmões.

Concentre sua atenção no ponto logo abaixo do umbigo — seu *tanden* — enquanto solta o ar lentamente até esvaziar os pulmões. Quando a expiração terminar, o ar voltará naturalmente para dentro. Relaxe enquanto respira, deixando o fluxo acontecer. Com a repetição do processo, você vai começar a se acalmar. Seu corpo se sentirá mais equilibrado e firme sobre o chão.

Em outras palavras, você se libertará de suas inquietações.

Quando a respiração se torna rasa e restrita ao peito, é impossível não se sentir à deriva. Isso gera intranquilidade, e sua respiração se acelera ainda mais. Você se vê em meio a um redemoinho de impaciência e irritação.

Sempre que surgir uma onda de sentimentos negativos, como raiva ou ansiedade, concentre-se em respirar a partir do abdome.

Em pouco tempo você vai relaxar, e sua mente se sentirá revigorada.

18

PRATIQUE O ZAZEN.

Os efeitos de sentar e pensar.

Os humanos são incapazes de reflexões profundas quando estão em movimento.

No treinamento zen, o zazen é da maior importância. É impossível falar sobre zen sem mencioná-lo. Começamos com o zazen e terminamos com o zazen. Isso é o zen.

A palavra *zen* deriva do termo sânscrito *dhyana*, que significa "contemplação silenciosa".

O ato de pensar deriva do conceito de sentar em silêncio, sem se mover. Os humanos são incapazes de pensar quando estão em movimento. Só dispomos de uma mente, e, quando ela está concentrada demais em alguma coisa, é difícil nos envolvermos em reflexões profundas.

Se tentar pensar enquanto caminha, você vai acabar se voltando para alguma coisa prática, como providências a tomar no trabalho ou o que preparar para o jantar. A contemplação profunda sobre a verdade absoluta do mundo ou o sentido da vida não é algo possível de fazer quando estamos em movimento.

Para praticar o zazen, primeiro nos sentamos na posição correta, em seguida nos concentramos na respiração e, por fim, acalmamos nossa mente. Apenas depois de fazermos essas três coisas é que começamos a prática do zazen.

Experimente praticar o zazen: esvazie sua mente e permita que seus pensamentos abram as asas e voem para longe.

19

EXPERIMENTE PRATICAR TAMBÉM DE PÉ.

Um método zen para tornar proveitoso seu tempo de deslocamento.

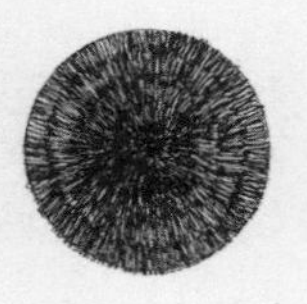

Uma maneira fácil de se motivar.

Para as pessoas que trabalham fora, o deslocamento pode ser bem estressante.

Mas prefiro pensar que determinado período de tempo gasto no transporte pode ser bom.

Imagine se seu local de trabalho e sua casa ficassem no mesmo prédio. Você pode até achar que seria conveniente, pois o deslocamento não tomaria tempo nenhum.

No entanto, todos precisamos de um tempo para alternar nossas personas, e morar e trabalhar no mesmo lugar pode tornar isso difícil.

De manhã, quando você está se preparando para ir trabalhar, é o seu lado normal, doméstico, que está no controle. Em seguida, você anda até o metrô, entra no vagão e, quando chega ao trabalho, precisa assumir seu lado profissional. Apenas dessa forma você conseguirá encarar mais um dia de trabalho duro.

O tempo de deslocamento é uma ponte entre a vida doméstica e a vida profissional, que lhe permite alternar mentalidades completamente distintas.

Se você estiver precisando de mais motivação, sugiro que experimente "praticar de pé". É possível fazer isso enquanto você se segura na barra de apoio do vagão de metrô, por exemplo. Quando estiver de pé dentro do trem ou outro transporte público, concentre sua atenção no ponto logo abaixo do umbigo — seu *tanden* — e pratique o zazen. É bem simples.

Seja durante os deslocamentos diários ou em seus raros momentos de folga ao longo do dia, essa pequena prática espiritual zen pode ser de grande ajuda.

20

NÃO PERCA TEMPO SE PREOCUPANDO COM COISAS QUE VOCÊ NÃO PODE CONTROLAR.

O que significa ficar com o espírito mais leve?

O momento em que você de repente se desvencilha de si.

Durante a prática do zazen, é preciso não pensar em nada — é isso que nos instruem a fazer, mesmo sendo uma coisa bem desafiadora.

A princípio, você não fecha os olhos enquanto pratica o zazen. Como é possível ver o que está acontecendo ao redor, você acaba pensando numa coisa ou outra, por mais que tente evitar. "Ah, o mestre está vindo. Preciso ajeitar melhor minha posição...", "Ah, minhas pernas estão dormentes..." ou várias outras coisas que passam pela cabeça.

Na maioria das vezes, isso é perfeitamente natural. E, de qualquer forma, repetir mentalmente "Não pense" já é por si só um pensamento.

Mas, quando você adquirir mais experiência com o zazen, haverá momentos — ainda que breves — em que sua mente se esvazia. Você vai perceber que não está pensando em nada. Vai até deixar de lado sua noção de "eu". É desses momentos que estou falando.

Sua mente se tornará transparente. As coisas que costumam monopolizar seus pensamentos vão desaparecer. De repente, você vai sentir que adentrou um mundo cristalino. É isso que chamo de "ficar com o espírito mais leve".

21

TENTE ALTERNAR DIFERENTES MODOS.

Crie portais dentro de sua mente.

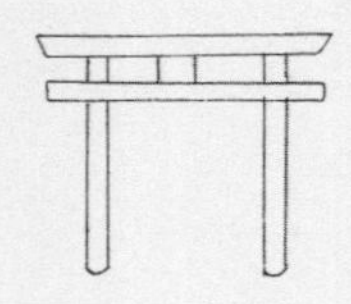

Existem coisas que são "supérfluos necessários".

O caminho para um templo zen ou um santuário xintoísta é sempre marcado por uma série de portais — grandes arcadas vermelhas que chamamos de *torii.*

Antes de chegar ao saguão principal de um templo zen, você passa por três portais — o principal, o central e o triplo —, que representam a jornada rumo à iluminação. Os santuários xintoístas também têm três *torii.*

Por que dar importância a estruturas sem nenhuma função estrutural?

Bem, elas representam aquilo que chamamos de "supérfluos necessários".

Nós nos referimos aos portais e *torii* como "barreiras estruturais". Em outras palavras, elas conectam dois mundos distintos. Ao passar por cada um deles, você se aproxima de um mundo de pureza — aquilo que no budismo consideramos "solo sagrado".

É por isso que os templos budistas têm esses três portais. Ao criarem uma fronteira entre diferentes mundos, eles ajudam você a se tornar mais consciente da distância entre um e outro. E, ao passar por cada portal, você vivencia a sensação de adentrar o solo sagrado.

É possível pensar no deslocamento entre sua casa e seu trabalho como um "supérfluo necessário". O transporte de um lugar para outro pode proporcionar o tempo de que você precisa para sair da rotina doméstica e entrar na rotina profissional. Pode parecer supérfluo, mas também indispensável.

22

RESPIRE LENTAMENTE.

Reserve cinco minutos da hora do almoço para o "zazen na cadeira".

Para acalmar sua mente, primeiro ajuste sua postura e sua respiração.

Quando você se senta à mesa de trabalho, inevitavelmente acaba assumindo uma postura torta e encurvada. Como se trata de uma posição antinatural, isso afeta sua concentração e pode tornar irritantes e cansativas até mesmo as pequenas coisas.

Em relação a isso, tenho uma prática para lhe propor. Durante cinco minutos do seu horário de almoço, tente praticar o zazen na cadeira de sua mesa de trabalho.

A base para o zazen é criar uma harmonia entre a postura corporal, a respiração e a mente.

Primeiro ajuste sua posição, alinhando a cabeça ao cóccix. Caso se visse de fora, perceberia que sua coluna formaria uma curva em S, e seria possível traçar uma linha reta da cabeça ao cóccix.

Em seguida, volte sua atenção para a respiração. Em meio ao estresse do trabalho, você pode começar a inspirar e expirar sete ou oito vezes por minuto. Concentrando-se na respiração, você pode reduzir sem dificuldade esse número para três ou quatro.

Quando isso acontecer, sua mente vai se acalmar naturalmente.

Essa prática pode ser revigorante tanto para a cabeça como para o coração. Você só precisa dedicar cinco minutos de seu horário de almoço para praticar o "zazen na cadeira".

23

JUNTE AS MÃOS.

Como acalmar uma mente irritadiça.

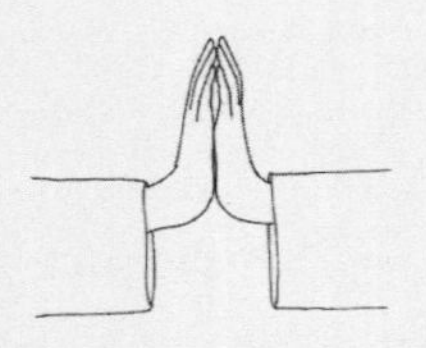

O significado de gassho: *a mão esquerda representa você; a direita representa os outros.*

Há momentos em que juntamos as mãos e oramos em silêncio por alguém ou refletimos sobre alguma coisa. Recomendo guardar um tempo para isso não só quando visitamos um túmulo ou local religioso, mas no dia a dia também.

O que é *gassho*? A mão direita representa qualquer um que não seja você. Pode ser Buda, ou Deus, ou talvez uma pessoa próxima. A mão esquerda representa você. *Gassho* significa unir essas duas representações para torná-las uma só. É um sentimento de respeito por aqueles que não são você — uma demonstração de humildade.

Ao juntar as mãos, alimentamos um sentimento de gratidão. Não deixamos espaço para conflitos. É impossível atacar alguém com as mãos unidas assim, certo? Um pedido de desculpas feito com as mãos unidas alivia a raiva ou a irritação. Nisso reside o significado de *gassho*.

É uma boa ideia designar um lugar em sua casa onde você possa unir as mãos. Não precisa ser um altar ou um santuário — pode ser um pilar ou um cantinho onde seja possível pendurar um amuleto ou um talismã —, um espaço para o qual você possa se voltar e juntar as mãos em silêncio. Essa pequena prática pode ter um efeito surpreendentemente tranquilizador sobre seu espírito.

24

TENHA TEMPO PARA A SOLIDÃO.

O primeiro passo para uma vida simples e zen.

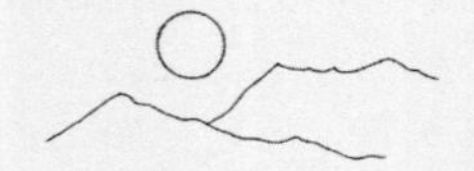

Os benefícios da "reclusão na cidade".

"Morar nas montanhas" é um estilo de vida muito idealizado pelos japoneses. É considerado uma coisa linda, às vezes descrito como uma vida isolada do mundo exterior. Os célebres monges Saigyo e Ryokan são dois casos famosos de pessoas que viviam como eremitas.

Ler um livro enquanto escuta os sons dos pássaros e da água correndo. Beber uma dose de saquê vendo o luar refletido no copo. Entrar em comunhão com a vida selvagem. A capacidade de viver com uma mente livre, aceitando as coisas como são. É assim que essa vida é idealizada.

Como o monge poeta do século XIII Kamo no Chomei descreveu em sua obra *Hojoki*, morar nas montanhas significa viver em reclusão, em solidão no meio da natureza. Os monges zen-budistas consideram esse o cenário perfeito para o treinamento espiritual.

Na verdade, porém, uma vida assim pode ser bastante desafiadora, por mais que desejemos esse espírito de reclusão.

Para adaptar à vida moderna o conceito da vida nas montanhas, mesmo em meio ao burburinho constante da cidade, o monge Sen no Rikyu, o famoso mestre do chá, criou a expressão "reclusão na cidade". É esse modelo que explica por que as casas de chá japonesas sempre são montadas a uma certa distância de outras construções.

Pense em pôr em prática esse conceito de "reclusão na cidade".

Um lugar onde você possa se desconectar das outras pessoas e passar um tempo sozinho. Um local na natureza onde você possa libertar sua mente. Alguns momentos de solidão podem servir para iluminar o caminho que vem pela frente.

25

ENTRE EM CONTATO COM A NATUREZA.

Encontre a felicidade que está sempre à mão.

Crie um jardim em miniatura em sua mente.

Certa vez dei uma aula a um grupo de alunos de uma escola para um programa de televisão.

Sugeri que criássemos jardins em miniatura.

Primeiro pedi aos estudantes que encontrassem seu local favorito na escola e, quando chegassem lá, tentassem com todas as forças esvaziar a mente. Em seguida os instruí a representar suas experiências com a natureza num jardim em miniatura.

Em um caixote de mais ou menos 45 × 60 centímetros, eles poderiam distribuir — da maneira que quisessem — a terra, as pedrinhas, os galhos de árvores e as folhas. Sou um paisagista profissional e, até para mim, os jardins em miniatura criados pelas crianças foram feitos de forma admirável.

Uma criança deu um jeito de pôr água e fazê-la fluir para um pequeno lago; outra posicionou os galhos na diagonal, numa tentativa de representar o vento; e outra se esforçou tremendamente para criar sombras em seu jardim... Esses alunos, apesar de seus dias corridos e repletos de atividades extracurriculares e programas culturais, se entregaram por completo à tarefa de criar seus jardins em miniatura. E adoraram o tempo que passaram envolvidos com a natureza.

Tente entrar em contato com a natureza também. Se notar uma pedrinha caída no chão, recolha-a e a observe. Quando encontrar flores desabrochando pelo caminho, pare e sinta sua fragrância.

E então, dentro de sua mente, crie seu próprio jardim em miniatura. Será bem relaxante para você.

26

PLANTE UM PEQUENO JARDIM EM SUA VARANDA.

Um lugarzinho para dedicar à sua mente.

Você pode afiar sua mente, não importa onde esteja.

Nós monges dizemos: "Debaixo de uma árvore, no alto de uma rocha". Você se senta, a sós, em um desses lugares, e pratica o zazen em silêncio. Isso possibilita a comunhão com a natureza. Você consegue deixar para trás os pensamentos que passam pela sua cabeça e praticar com a mente vazia. Esse é o ambiente ideal para o zazen.

Pode ser desafiador mesmo para os monges budistas encontrar um local assim. É por isso que os templos zen têm jardins.

Podemos visualizar as montanhas à distância e ouvir em nossa mente o som de um rio que corre. Uma paisagem assim tão vasta pode ser redimensionada numa escala minúscula, criando um pequeno jardim, reproduzindo o esplendor da natureza num espaço exíguo. A sabedoria acumulada dos monges budistas é capturada na arte dos jardins zen.

Tente criar um jardim como esse em sua casa. Caso não tenha um quintal, a sacada de um apartamento pode servir. E, caso não disponha dessa varanda, basta o parapeito de uma janela. Você não precisa de mais que um metro de superfície. Nesse espaço, tente representar a paisagem de sua mente.

Um local onde sua mente possa se refugiar. Um ponto no qual você possa contemplar a essência de seu ser.

Pode acabar se tornando seu lugar favorito.

27

CONTEMPLE O PÔR DO SOL.

Sinta-se grato por mais um dia que chega ao fim.

Encontre seus próprios "degraus do pôr do sol".

Num distrito da região central de Tóquio chamado Yanaka existe um lugar conhecido como "degraus do pôr do sol". Trata-se de uma escadaria como qualquer outra, mas, se você se sentar lá e observar o céu no horário certo, pode ter uma belíssima visão do sol se pondo.

Não sei como o nome surgiu, mas a partir de determinado momento todos começaram a se referir ao local dessa forma. Hoje muita gente vai até lá para ver o sol desaparecer no horizonte.

Imagino que existam muitos lugares assim espalhados pelo mundo. Na zona rural japonesa, aposto que é possível contemplar o poente nas trilhas entre os arrozais. Na cidade, é só ir ao terraço de um prédio e ver o crepúsculo agigantar-se.

Você não precisa ir até Yanaka. É fácil encontrar locais que possam servir como seus próprios degraus do pôr do sol.

O importante é poder se sentar e observar o sol se pôr. Quando a noite cair, reserve um momento para contemplar o céu. Sinta gratidão por ter vivido mais um dia. Esse momento vai acalentar seu espírito.

28

NÃO ADIE O QUE PODE FAZER HOJE.

Não se arrependa do futuro.

Aprenda com o último desejo de um monge.

No Japão do fim do período Edo (1603-1868), houve um famoso monge e sacerdote chamado Sengai, que vivia em Hakata, na ilha de Kyushu, no leste do país.

Quando Sengai estava prestes a morrer, seus discípulos se reuniram para ouvir seu último desejo. "Eu me recuso a me entregar à morte", ele falou, explicando que não queria morrer. Obviamente, foi uma afirmação inesperada como último desejo de um mestre zen, então os discípulos se aproximaram do leito e perguntaram outra vez quais seriam suas últimas palavras.

Ele falou: "Isso mesmo, eu me recuso a me entregar à morte".

Mesmo no caso de um monge renomado, que recebeu a tonsura aos onze anos de idade e dedicou a vida ao treinamento espiritual zen até os 88 anos — e que presumivelmente alcançou a iluminação —, o apego a este mundo ainda existia.

Todos nós vamos morrer — esse é nosso destino como seres humanos. Sabemos disso, mas, diante da morte, continuamos a nos agarrar à vida. Quando saudar meu próprio fim, farei o máximo para evitar o apego. Gostaria de deixar este mundo achando que vivi uma boa vida.

Espero poder encarnar o conceito zen segundo o qual a maneira como vivemos deve complementar nossa compreensão sobre a vida e que devemos nos esforçar para alcançar tudo aquilo de que somos capazes.

29

NÃO PENSE EM COISAS DESAGRADÁVEIS ANTES DE IR PARA A CAMA.

Um breve zazen antes de dormir.

Hora de reiniciar a mente.

Todos nós enfrentamos noites em que não conseguimos dormir, quando somos incomodados por pensamentos desagradáveis, estamos atormentados pela ansiedade ou nos vemos incapazes de controlar nossas preocupações.

Esse é o momento perfeito para o zazen.

A prática silenciosa do zazen libera serotonina, um neurotransmissor que funciona como estabilizador de humor e já se mostrou efetivo no combate à depressão. O zazen pode proporcionar o efeito terapêutico de elevar o nível de serotonina no cérebro sem a necessidade de tomar medicamentos.

Quando o cérebro se encontra num estado relaxado, os vasos sanguíneos também se descomprimem pouco a pouco, melhorando a circulação. Isso proporciona uma sensação de calor que se espalha pelo corpo.

Com a névoa mental se dissipando e o corpo aquecido, o sono virá naturalmente.

Ao se deitar na cama, deixe de lado tudo o que possa ter acontecido desde que acordou e agradeça por ter vivido mais um dia.

Quando acordar, na manhã seguinte, suas energias estarão revigoradas. Não subestime os efeitos de cinco minutos de zazen antes de dormir.

30

ESFORCE-SE AO MÁXIMO PARA FAZER O QUE É POSSÍVEL NO MOMENTO.

Isso vai trazer coisas boas.

Não persiga as nuvens...
você nunca conseguirá alcançá-las.

Existe uma história sobre perseguir nuvens que escapam. Você está sob o sol quente de verão, trabalhando numa lavoura. Sem nenhuma nuvem para amenizar a exposição direta ao sol, você precisa suportar o calor. Mas de repente você olha para o céu e vê uma mancha branca.

"Ah, aposto que na sombra daquela nuvem vai estar mais fresco. Espero que ela chegue aqui logo", você pensa, considerando inclusive a hipótese de fazer uma pausa no trabalho para esperá-la.

A verdade é que a nuvem pode não chegar, e lá se vai um dia de trabalho perdido!

Em vez de esperar pela nuvem, esforce-se ao máximo para fazer o que é preciso no momento. Se você trabalhar com afinco, pode até se esquecer do calor. E então, quando menos esperar, a nuvem vai chegar e trazer o refresco da sombra.

Isso não se aplica apenas a nuvens, mas também ao destino ou à sorte. Não faz sentido ter inveja de alguém que foi agraciado com um pouco de sorte, muito menos lamentar sua própria falta de oportunidades. Simplesmente trabalhe com vontade para dar conta do que é preciso fazer hoje. Os bons ventos com certeza virão até você.

PARTE DOIS

TRINTA MANEIRAS DE GANHAR MAIS CONFIANÇA E CORAGEM PARA VIVER

Tente mudar sua perspectiva.

31

DESCUBRA SEU OUTRO LADO.

Encontre seu protagonista interior.

Seu protagonista tem um potencial ilimitado.

Para viver com mais liberdade, ou mais tranquilidade, o zen-budismo ensina sobre a importância de não se rotular como "esse" ou "aquele tipo de pessoa".

Permita-me dar um exemplo.

Existe outro "você" dentro de si. Essa sua outra versão é mais livre do que aquela que você julga conhecer, e cheia de potencial. É sua essência. Dentro de você vive seu verdadeiro protagonista.

Em termos zen, a palavra "protagonista" também pode ser traduzida como "mestre". Existe uma história famosa sobre um monge zen que se dirige a si mesmo dizendo: "Ei, mestre!", e seu eu interior responde: "Sim?". Em seguida ele pergunta: "Você está acordado?", e a resposta, mais uma vez, é: "Sim!". Então ele continua a se questionar com toda a sinceridade.

Cada um de nós cumpre vários papéis dentro da sociedade. Você pode trabalhar num escritório, cozinhar num restaurante ou cuidar dos afazeres domésticos. Esses são, sem dúvida, nossos vários eus. Mas todos temos outro eu, o verdadeiro protagonista que vive em nós.

Faça o máximo que puder para despertar esse outro eu.

32

NÃO SE DEIXE AFETAR POR COISAS QUE AINDA NÃO ACONTECERAM.

A ansiedade é intangível.

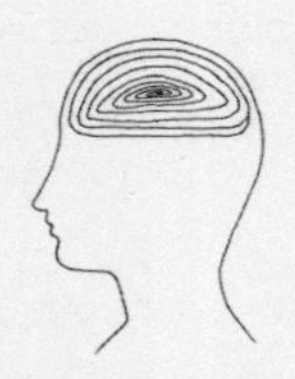

Ansiedade: onde ela existe de fato?

Dizem que o fundador do zen-budismo foi um monge chamado Bodhidharma. Ele transmitiu seus ensinamentos a um discípulo de nome Huike.

Certa vez, Huike compartilhou suas aflições com Bodhidharma: "Minha mente está sempre atormentada pela ansiedade. Por favor, me ajude a tranquilizá-la".

Bodhidharma respondeu: "Eu vou aplacar sua ansiedade. Mas, primeiro, que tal trazer seus anseios até mim? Se puder dispô-los na minha frente e dizer: 'É isso que me atormenta', com certeza eu conseguirei acalmá-lo".

Ao ouvir isso, Huike finalmente se deu conta de uma coisa.

A "ansiedade" só existia dentro da cabeça dele. Em termos concretos, era intangível.

Seus medos eram intangíveis, e mesmo assim ele se agarrava a eles com todas as forças. Huike então reconheceu a inutilidade dessa atitude.

Não existe motivo para se deixar afetar por coisas que ainda não aconteceram. Pense apenas no que está ocorrendo no momento.

Quase todas as ansiedades são intangíveis. São invenções de nossa mente.

33

ENCONTRE SATISFAÇÃO NO SEU TRABALHO.

O trabalho é o que traz à tona seu protagonista interior.

A alegria é algo a encontrar dentro de si.

Existe um ensinamento da escola Rinzai de zen-budismo que, segundo dizem, é passado aos monges em treinamento: "Seja o mestre aonde quer que você vá. Assim, não importa onde esteja, as coisas vão se mostrar como realmente são".

Sempre se esforce ao máximo, sejam quais forem as circunstâncias ou a situação, para trazer à tona seu verdadeiro eu — seu protagonista interior — e encarar todas as coisas com que precisa lidar.

Se agirmos dessa maneira em relação a tudo, todos nós seremos capazes de encontrar a verdade. E assim descobriremos a alegria. Esse é o sentido desse ensinamento.

Quando temos uma tarefa cansativa para executar, muitas vezes sentimos vontade de reclamar. Dizemos coisas como "Qualquer um poderia fazer isso", ou "Isso é o máximo que me permitem fazer". Porém, com essa postura, fica difícil encontrar alegria no trabalho.

As pessoas que dão o melhor de si para apreciar o que é colocado diante delas são as que têm maior possibilidade de encontrar a paz interior. Muitas vezes, aquilo que estão apreciando — o que foi posto diante delas — tem potencial para se tornar uma oportunidade.

O local em que você se encontra no momento, a função que está cumprindo, as pessoas que pode conhecer hoje, cada coisinha... Nunca se sabe o que pode virar uma oportunidade. Pare de desdenhar daquilo que está fazendo e comece a viver.

34

SIMPLESMENTE SE DEIXE LEVAR.

O extraordinário poder da clareza mental.

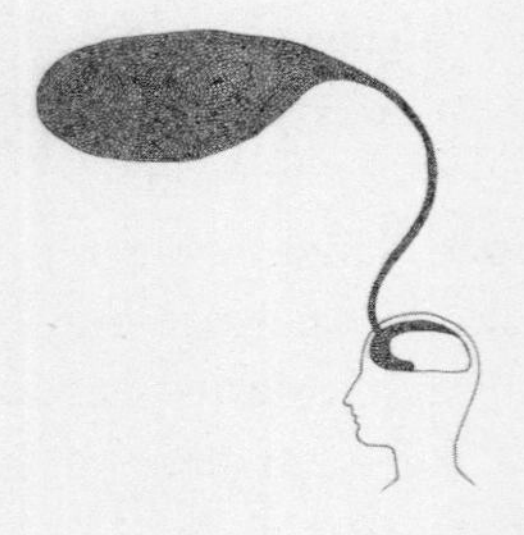

Esvazie sua mente e não permita que ela se acomode ou divague.

Existe um provérbio na prática zen, *munen muso*, que descreve o estado de se sentir livre de desejos mundanos e pensamentos distrativos. Outra forma de se referir a isso é simplesmente *mushin*, ou “mente limpa”. Você esvazia sua mente e impede que ela se acomode ou fique divagando.

Isso permite que você se concentre naquilo que precisa ser feito no momento, sem se deixar levar pelas outras preocupações da vida. É um ensinamento que demonstra o incrível poder que existe ao nosso dispor se conseguirmos atingir esse estado.

Um mestre zen do período Edo (1603-1868) chamado Takuan explicou o segredo da arte marcial japonesa com espadas — chamada kendô — da seguinte maneira: “Quando enfrentar outro espadachim, se achar que há a oportunidade de atacá-lo no ombro, sua mente ficará preocupada com esse ombro. Se achar que há a oportunidade de atacá-lo no braço, sua mente ficará preocupada com esse braço. Se achar que pode vencê-lo, sua mente ficará preocupada em vencer. Não permita que sua mente divague ou que se concentre em um desses pontos. Mesmo quando direcionar sua energia para um único ponto, mantenha sua mente livre e aberta. Esse é o segredo da espada”.

Mesmo quando achamos que estamos concentrados no trabalho, podemos estar nos perguntando “quanto tempo será que falta para o intervalo?”, ou “Isso aqui é um tédio”. E, mesmo quando estamos relaxando num dia de folga, podemos nos atormentar pensando no trabalho.

Tente simplesmente se deixar levar pelo que tem diante de si. Você pode descobrir que fazer isso pode ter um poder surpreendente.

35

NÃO SE DEIXE DESMOTIVAR PELAS TAREFAS DESIGNADAS A VOCÊ.

Uma forma de tornar o trabalho mais agradável.

"Um dia sem trabalhar é um dia sem comer."

Na prática zen, acreditamos na importância de não considerar o trabalho um fardo, por isso o chamamos de *samu*.

Na época em que o budismo surgiu, na Índia, os monges não se envolviam em nenhuma forma de atividade produtiva — viviam apenas das esmolas que recebiam. Essas ofertas de alimento ou dinheiro se tornaram conhecidas como *samu*.

No entanto, quando o budismo se expandiu para a China, os templos passaram a ser construídos no alto das montanhas. Os monges não tinham como descer todos os dias para pedir donativos para a sua subsistência, por isso começaram a cultivar suas próprias lavouras — o que virou por si só um tipo de prática. O trabalho (*samu*) se tornou o mais importante: se a pessoa não trabalhasse, não teria o que comer. Foi daí que surgiu o provérbio do mestre zen Baizhang Huaihai: "Um dia sem trabalhar é um dia sem comer".

Quando trabalhamos todos os dias, tendemos a nos preocupar mais com as tarefas a executar e os ganhos que extrairemos disso. Eu, entretanto, acredito que a essência do trabalho está na forma de pensar de Baizhang.

Sendo assim, tente encarar sua atividade profissional como *samu*, ou um trabalho com um significado. Pense no que faz como uma forma de se nutrir ou se educar.

Apenas pensando assim você conseguirá extrair a verdadeira satisfação que pode ser encontrada no trabalho.

36

NÃO PONHA A CULPA NOS OUTROS.

Uma forma de pensar que trará oportunidades e boa sorte.

Pense no trabalho que está fazendo como uma maneira de se encontrar.

No ambiente profissional, existem pessoas que produzem resultados e outras que parecem nunca ser eficientes. Como isso pode ser explicado?

Os seres humanos, em sua maioria, são dotados basicamente das mesmas capacidades.

Portanto, se existe algo que diferencia os resultados que produzimos, deve ser a mentalidade com que cada um encara a tarefa que lhe é designada.

Independentemente do que você faça, sinta gratidão pela oportunidade. Fique feliz com a chance de fazer seu trabalho. Não estou tentando parecer idealista — só estou repetindo aquilo que grandes homens e mulheres que vieram antes de mim disseram.

Se você sentir que está sendo forçado a realizar uma tarefa, vai considerar seu trabalho um fardo, e isso fará com que surjam sentimentos negativos. O mesmo vale para a prática zen. A partir do momento em que você se pergunta "Por que preciso varrer este jardim todos os dias?", seu treinamento perde o propósito.

Tudo o que realizamos como seres humanos tem seu valor. Se quisermos encontrar sentido naquilo que fazemos, precisamos primeiro mobilizar nosso protagonista interior no trabalho. Encarando a atividade profissional dessa forma, todo tipo de trabalho se torna significativo e precioso.

37

NÃO SE COMPARE COM OS DEMAIS.

Quando você sente que está no trabalho errado.

Continuar seguindo em frente é sempre o mais difícil de tudo.

"O trabalho que faço hoje é minha verdadeira vocação." A pessoa que puder afirmar isso é alguém com muita sorte.

A maioria, porém, tende a se perguntar: "Esse é o trabalho certo para mim? Deve haver outro emprego que combina melhor comigo".

Com certeza, cada pessoa tem suas próprias aptidões.

Mas existe algo importante a dizer sobre a perseverança.

Os monges zen praticantes acordam cedo, varrem e purificam o jardim, executam os rituais religiosos... Eles repetem as mesmas coisas todos os dias, e a lição a aprender está na própria repetição.

É possível começar o que quer que seja concentrando suas energias naquela tarefa. Terminar também é fácil. A parte mais difícil é continuar a fazê-la. Se todos os dias você só pensar no que está errado, como vai, então, encontrar o que está certo?

Temos a tendência a nos compararmos com os outros. Invejamos a carga de trabalho mais leve de nosso vizinho. Vemos alguém talentoso e ficamos deprimidos. Mas, no fim das contas, existe um prazer que pode ser encontrado na repetição do trabalho que pode servir para você.

38

NÃO SE CONCENTRE NO QUE VOCÊ NÃO TEM.

Contente-se com o aqui e agora.

O caminho mais rápido para obter resultados.

Existe um provérbio, "Fogueiras no verão e leques no inverno", que se refere a coisas inúteis e fora de época. Mas com certeza chegará a hora em que aquilo que parecia desnecessário terá serventia. Estou me referindo a saber esperar o momento certo.

Apesar de tudo poder ser considerado trabalho, alguns cargos parecem mais glamorosos e invejáveis quando vistos de fora, enquanto outros são tidos como ordinários e sem graça. É da natureza humana escolher o emprego mais glamoroso — até quando as oportunidades são as mesmas.

Mas, para aqueles que têm um trabalho glamoroso, as coisas nem sempre correram às mil maravilhas. O que transparece agora é o resultado cumulativo de um longo tempo executando tarefas nada extraordinárias.

O que hoje parece inútil pode, mais para a frente, se revelar auspicioso. Não existe esforço desperdiçado quando se trabalha com afinco e com a cabeça voltada para o presente.

Alguém que ocupa um cargo superior pode perguntar: "Quem pode fazer isso para mim?". É uma tarefa tediosa, e ninguém se oferece como voluntário. Mas é exatamente esse o momento para dizer: "Pode deixar comigo".

Seja a pessoa com esse tipo de postura. A recompensa virá.

39

DE TEMPOS EM TEMPOS, TENTE PARAR DE PENSAR.

Onde as ideias podem estar escondidas.

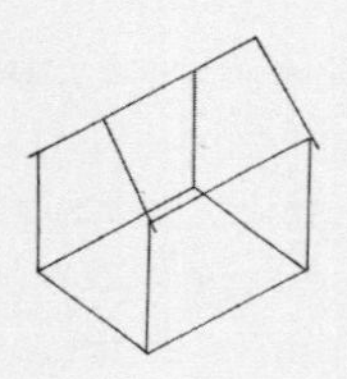

Os benefícios de ter um espaço vazio em sua mente.

O estado de vazio, de não pensar em nada, é muito difícil de alcançar. Não é fácil nem para monges praticantes.

Mas, analisando bem seus dias, é possível encontrar momentos em que você conseguiu isso de forma inconsciente.

Você olha para o céu e pensa: "Ah, que nuvem bonita", e a observa, distraído. Então o devaneio acaba, e você diz: "Hã, no que eu estava pensando mesmo?".

Eu o aconselho a valorizar esses momentos.

No trabalho, quando há um problema a ser resolvido, todos se mobilizam de forma frenética em busca de uma ideia. Você não para de pensar nem por um instante; sua concentração está toda voltada para aquilo.

Mas, quando você precisa de uma boa ideia, esse esforço constante pode ser contraproducente.

As ideias e os lampejos na verdade brotam dos espaços vazios de sua mente — dos intervalos que surgem entre um pensamento e outro.

Para aumentar suas chances de extrair as ideias desses espaços vazios, aprenda a apreciar os momentos em que não está pensando em nada.

40

SAIBA DISTINGUIR AS COISAS.

A melhor maneira de aliviar o estresse.

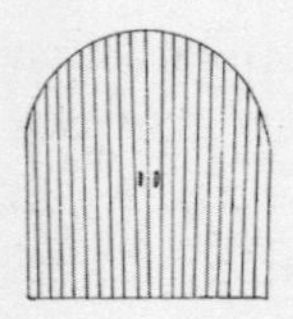

Tente criar portões em sua mente.

Quando acordamos de manhã, imediatamente ligamos o computador ou o celular para ler as novas mensagens, conferir as notícias ou a previsão do tempo.

Vivemos numa época de fluxo constante de informações, disponíveis a qualquer momento e em qualquer lugar. Num mundo como esse, porém, temos ainda mais motivos para manter nossos botões de liga e desliga funcionando.

É por isso que saber distinguir as coisas é tão importante.

Tente criar portões em sua mente.

Por exemplo, seu espaço doméstico constitui o primeiro portão. Quando sai de casa e cruza o primeiro portão, você começa a pensar em trabalho. A porta do carro ou do transporte público é o segundo portão; quando você entra, começa a planejar seu dia. E, por fim, quando chega ao trabalho e cruza o terceiro portão, é hora de se concentrar no que precisa ser feito.

Quando o expediente termina e você volta ao primeiro portão, é preciso deixar o trabalho do lado de fora.

Agora é hora de relaxar. De curtir a vida doméstica.

Com certeza é a melhor maneira de aliviar o estresse.

41

TENTE IR A UMA SESSÃO DE ZAZEN.

Uma oportunidade de varrer os detritos de sua mente.

Deixe o estresse e as preocupações no templo.

Muitos templos zen de hoje promovem *zazenkai*, ou encontros abertos ao público para a prática de zazen.

O templo de Kenkoji, onde sou sacerdote residente, promove um *zazenkai* semanal. Não é nada muito desafiador. Depois de aprender o básico, qualquer um pode participar.

Para a prática do zazen, sentamos em silêncio e respiramos a partir do abdome. É o suficiente para que um calor se espalhe por todo o corpo, mesmo nos dias frios de inverno. Quando você respira fundo, o sangue flui até os dedos dos pés, e o corpo todo se aquece.

Pesquisas recentes demonstraram que, ao praticar o zazen, você entra num estado alfa, e as ondas cerebrais associadas ao relaxamento assumem o controle de sua mente.

As pessoas chegam ao templo carregadas de pensamentos e preocupações. Então se sentam em silêncio e, durante o zazen, têm um encontro tranquilo consigo mesmas.

Ao deixarem o templo, as pessoas também deixam para trás suas preocupações.

A expressão em seu rosto depois de praticar o zazen é clara e serena. Toda vez que vejo isso, sinto uma grande satisfação.

Comparecer a um *zazenkai* é uma oportunidade de varrer os detritos de nossa mente.

42

PLANTE UMA FLOR.

Nenhum dia é mais importante do que hoje.

No mundo da natureza, cada dia é um novo dia.

Considere a ideia de plantar uma flor a partir de uma semente. Plante a semente num vaso. Quando regá-la de manhã, converse com ela. Com o tempo, um pequeno broto vai aparecer, e então uma linda flor se abrirá. A flor vai crescer — dia a dia, hora a hora, minuto a minuto —, e você perceberá as mudanças.

Na natureza, cada dia é um novo dia. Como seres humanos, tendemos a nos fixar no passado, mas, quando você planta uma flor a partir de uma semente, percebe que nada nem ninguém permanece do mesmo jeito e no mesmo lugar.

O estilo de vida zen propõe um contato permanente com a natureza. Observamos a vida que reside na natureza e vivenciamos nossa experiência como parte disso. Uma sensação de bem-estar e paz mental emerge dessa consciência.

Todas as manhãs, eu caminho pelo jardim do templo. Apesar de ser sempre o mesmo lugar, ele nunca está igual. Existem as variações entre os dias ensolarados e os chuvosos, e o número de folhas caídas no chão sempre muda. O jardim nunca é o mesmo.

Nós dizemos: "Cada dia é um novo dia, e amanhã há de ser outro".

O mesmo vale para nós, como seres humanos. As preocupações de hoje se encerram hoje. Amanhã você será outra pessoa. É por isso que não existe motivo para se preocupar.

43

COMECE AS COISAS COMO SE DEVE.

Crie uma "espiral ascendente".

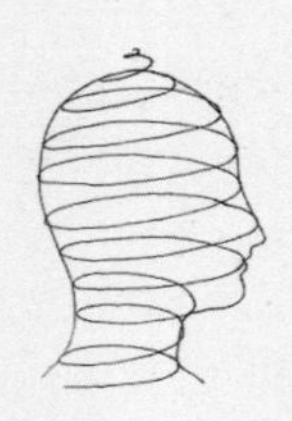

Como gerar o bem ao seu redor.

No Japão, no início do novo ano, nós fazemos nossa primeira visita ao santuário. Existe uma cerimônia destinada a orar e pedir boa sorte para o ano vindouro.

A boa sorte vem acompanhada de mais boa sorte. A má sorte só atrai mais má sorte. Eis um motivo ainda melhor para começar as coisas como se deve.

Isso também se aplica ao trabalho. Por exemplo, você consegue um novo emprego. Se aproveitá-lo ao máximo e se dedicar a ele com todas as energias, novas portas se abrirão. Se você valorizar a boa sorte quando ela surgir, você terá ainda mais boa sorte no seu caminho.

O oposto também vale para a má sorte. Quando você dá um passo em direção à má sorte, pode acabar entrando numa espiral descendente.

Caso sinta que as coisas não estejam indo muito bem, tente se repreender em voz alta. Na prática zen, usamos a palavra *katsu* como uma reprimenda aos monges que estão enfrentando dificuldades para encontrar o caminho da iluminação. Um *katsu* no momento certo pode fazer a maré virar.

Corte o mal do azar pela raiz. E faça de tudo para se beneficiar da boa sorte. Esse é o segredo para uma vida boa.

44

CUIDE BEM DE VOCÊ.

O significado dos amuletos.

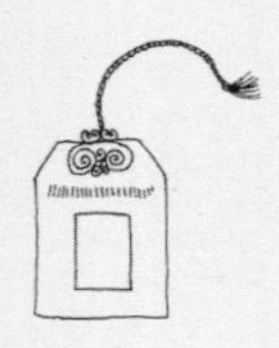

Um amuleto é seu alter ego.

Às vezes, os visitantes do templo me perguntam:

"Mestre, qual amuleto é o mais poderoso? Qual vai fazer mais efeito?"

As pessoas parecem não entender direito o que é um amuleto, então explico com toda a paciência:

"Pense no amuleto como um alter ego de uma deidade ou do próprio Buda. Você é responsável por essa deidade durante um ano inteiro. Precisa protegê-la. E, ao cuidar dela, também está cuidando de si."

Talvez você acredite que, usando seu amuleto, pode se arriscar um pouco mais, porque terá mais proteção. Mas não deve pensar assim. Quando você se põe em risco, está expondo a deidade ao perigo também.

Para evitar isso, sempre se esforce para manter um bom comportamento. Cuide bem de você. Esse é o verdadeiro sentido de usar um amuleto.

45

PENSE COM SIMPLICIDADE.

Uma maneira de satisfazer sua mente.

Aquilo que pode ser enganosamente interessante...

Tenho uma história para contar, que aconteceu com alguém que conheço.

Ele estava morrendo de vontade de comer *omuraisu* — um prato feito com arroz frito envolto em uma omelete e servido com ketchup —, então foi a um restaurante. Enquanto lia o cardápio, o que chamou sua atenção foi o *hayashi-raisu* — carne picada na chapa com arroz. Era um cardápio com fotos, e aquele prato parecia delicioso. Enquanto pensava no que comer, ele viu que o lugar também fazia *omu-hayashi*, que é uma combinação das duas coisas que queria, e foi isso o que pediu, todo contente.

Ele achou que tinha feito uma boa escolha, mas, no fim, aquilo que comeu não tinha o gosto nem de um prato nem do outro. Seria melhor ter escolhido um dos dois.

Pode parecer uma historinha boba, mas acho que você é capaz de captar a mensagem.

Ou seja, num momento de indecisão, a simplicidade é a melhor solução.

Existe um ditado zen sobre o *samadhi*, o estado de concentração intensa atingido através da meditação: *Ichigyo zanmai*. O significado é: "Esforce-se para conseguir apenas uma coisa". Em vez de dividir sua atenção entre isso, aquilo e sabe-se lá mais o quê, concentre-se em apenas uma coisa. Essa é a maneira de encontrar satisfação e contentamento. E, obviamente, se estiver mesmo com vontade de comer *omu-hayashi*, é isso o que deve pedir.

46

NÃO TENHA MEDO DE MUDAR.

Desvencilhe-se de seu apego ao passado.

Encontre beleza nas mudanças.

Com a chegada da primavera, o glorioso espetáculo do desabrochar das flores de cerejeira faz o coração acelerar.

Os botões, antes bem fechadinhos, se abrem, e — no que parece ser um piscar de olhos — o florescimento está em seu auge. Em menos de uma semana, porém, as pétalas começam a cair, e em pouco tempo brotam as folhas das cerejeiras. A breve aparição das flores é graciosa por si só. Produz um cenário em constante mudança. E a beleza de tudo isso é cativante.

O que os japoneses mais valorizam é a fragilidade da beleza da cerejeira. As flores são belas por serem evanescentes — elas nos fazem sentir a efemeridade da vida. Dizem que essa capacidade de apreciar o que é efêmero foi o que permitiu que o zen-budismo criasse raízes e se espalhasse pelo Japão. De fato, existe uma ligação profunda entre o pensamento zen e a reverência às flores de cerejeira.

O mesmo vale para nossa vida. Tudo o que existe está em fluxo constante. As mudanças acontecem dentro de nós conforme ficamos mais velhos, e também em nosso ambiente.

Não há nada a temer.

Uma mente flexível aceita a mudança e não se apega ao passado. Em vez de lamentar o que muda, encontra beleza e esperança no novo. É a essa vida que devemos aspirar.

47

PRESTE ATENÇÃO NAS MUDANÇAS.

Todo o resto surge a partir dessa consciência.

O efeito de se observar a partir de um ponto fixo.

Em geral, os monges zen praticantes acordam todos os dias às quatro da manhã. Nós nos referimos à hora de acordar como *shinrei*, ou "toque do sino", porque é anunciada com uma sineta de mão.

Os monges fazem sua higiene pessoal e, então, às 4h15, começam o zazen matinal. Nós o chamamos de *kyoten*, ou zazen da "aurora". A hora de dormir — *kaichin*, ou "abertura do travesseiro" — é às nove da noite. Temos sete horas de sono. Nosso estilo de vida é bem regrado.

Por que os monges zen têm essa rotina?

Para que consigam se dar conta das mudanças sutis que ocorrem na mente e no corpo.

Quando você mantém uma rotina rígida, consegue perceber até as menores mudanças. Se quiser mudar sua vida, é preciso primeiro ter consciência do que está se transformando dentro dela.

Você pode ser capaz de fazer hoje algo que não teria conseguido ontem. Seu estado de ânimo pode não ser o mesmo do dia anterior. Fazendo observações a partir de um ponto fixo, você consegue se ver como realmente é. Essa também é a forma pela qual você conseguirá aprimorar sua mente e seu corpo, cuidando bem de ambos.

Uma vida consciente começa ao dormir cedo e acordar cedo.

Esse é o segredo de uma vida de tranquilidade e contentamento.

48

SINTA EM VEZ DE PENSAR.

Para desenvolver um verdadeiro gosto pela vida.

A vantagem daqueles que notam as pequenas mudanças.

Em tempos antigos, os pescadores sabiam prever as condições do tempo sem usar equipamentos modernos. Para isso, eles se valiam da direção do vento e da aparência das nuvens. Sem essa habilidade, eles poderiam pôr sua vida em risco.

Eles também analisavam a cor da água e o comportamento das aves para determinar onde estariam os peixes. Dedicavam-se a aguçar os sentidos para garantir sua segurança e capturar o alimento necessário à sua sobrevivência.

Quando o emprego desse tipo de habilidade dá resultado, pode ser uma coisa muito recompensadora.

Eu acredito na importância de aguçar os cinco sentidos para experimentar esse tipo de satisfação. É um dos prazeres da vida.

Experimente pegar uma pedrinha na rua. Toque-a. Pedras têm vários lados, cada um com uma textura diferente. Sinta seu cheiro. Talvez você nunca tenha notado, mas pedras que vêm de montanhas têm cheiro de montanha, e pedras que vêm do mar têm cheiro de mar. Detalhes como esse estão em tudo ao seu redor. Tente se interessar por eles, usando seus sentidos para notar as variações na natureza.

Aguce seus sentidos para não deixar passar nem a mais ínfima das mudanças.

49

EVITE O DESPERDÍCIO.

Por exemplo, experimente comer as folhas dos legumes.

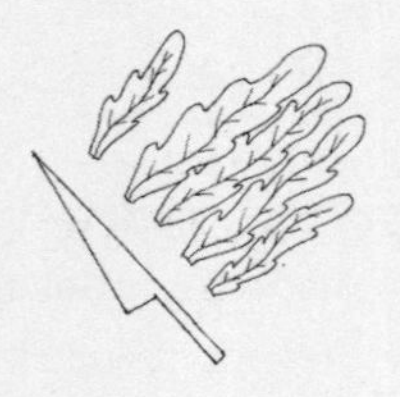

O que é uma "mente zen"?

Se eu fosse descrever uma mente zen em poucas palavras, diria que se trata de uma mente capaz de aproveitar todas as coisas.

Por exemplo, ao preparar refeições, não descartamos quase nada. Pense nas folhas do *daikon*, o rabanete branco: a maioria das pessoas simplesmente as joga no lixo, mas, se você fizer uma conserva com elas, obterá um acompanhamento delicioso.

Nós também nunca jogamos fora as sobras. Quando percebemos que não vamos conseguir terminar nossa porção de comida, logo a oferecemos para outra pessoa.

Esse tipo de atitude é uma bela forma de aperfeiçoar nossa mente.

A essência do zen está na beleza das coisas simples. É possível encontrar beleza nas coisas desprovidas de tudo aquilo que é desnecessário e que não ostentam nenhuma ornamentação. Numa edificação, por exemplo, a beleza pode estar nas estruturas expostas ou nos materiais sem acabamento. Ornamentos desnecessários destruiriam essa beleza essencial. É assim que vemos as coisas.

Saiba apreciar os materiais ou ingredientes básicos, sejam eles quais forem.

É uma forma simples de aprimorar sua mente e seu estilo de vida.

50

NÃO SE PRENDA A UMA ÚNICA PERSPECTIVA.

Existem outras formas além do "jeito certo".

O conceito de mitate.

Em japonês, existe o conceito de *mitate* — ver determinado objeto não a partir da função originalmente pretendida, mas como algo diferente; conseguir ver uma coisa como se fosse outra e passar a usá-la de outra maneira. A ideia de *mitate* tem origem na estética da cerimônia do chá, em que os praticantes pegam objetos do cotidiano e os elevam a outro patamar — por exemplo, usando como vaso de flores uma cabaça que costumava servir para armazenar água.

Os utensílios se desgastam com o uso. Sua praticidade se torna obsoleta. Mas isso não significa o fim de sua vida útil. É possível encontrar uma nova função para o objeto e lhe dar nova vida. Esse é o espírito que reside no coração do zen.

Por exemplo, uma moenda de pedra. Depois de anos de uso, o desgaste impossibilita que os grãos continuem a ser moídos nela. Mas isso não significa o seu fim. A mó pode ser levada para o jardim e talvez servir como ponto de apoio para alcançar lugares mais altos. Ou uma xícara de chá com a borda lascada pode ser usada como vaso para plantar pequenos brotos.

Os objetos não têm apenas uma função. Podem ser usados de uma infinidade de outras maneiras, a depender da imaginação de quem os tem nas mãos. Como você pode usar um objeto? Esse é o conceito estético de *mitate*.

A abundância não está no acúmulo de objetos, mas em saber usá-los da melhor forma.

Tente ver as coisas de maneiras diferentes, para não se prender apenas ao "jeito certo".

51

PENSE COM SUA PRÓPRIA CABEÇA.

Encare com ceticismo o senso comum.

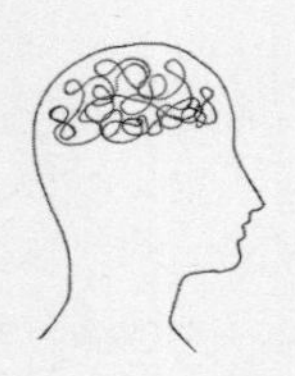

Conhecimento e sabedoria são similares, mas não iguais.

Conhecimento e sabedoria podem parecer iguais, mas não são.

As coisas que você aprende na escola ou por conta própria — isso é conhecimento.

A sabedoria, por outro lado, é o que você aprende colocando essas coisas em prática.

Ambos são importantes para uma vida feliz. Não se deve privilegiar uma coisa em detrimento da outra. Mantenha o equilíbrio.

O monge zen Ikkyu, famoso por sua sagacidade, muitas vezes demonstrava seu conhecimento e sua sabedoria na forma brilhante como resolvia problemas difíceis. Na minha opinião, pessoas que têm conhecimento e sabem como aplicá-lo a situações específicas são capazes de passar tranquilamente pela vida.

No mundo de hoje, em que somos inundados de informações o tempo todo, existe uma tendência a negligenciar a capacidade do nosso cérebro de pensar. Muitas vezes nos sentimos prestes a explodir com tanto conhecimento.

Mas como viver a vida é uma decisão sua. E por esse motivo é ainda mais importante ter sabedoria — para ajudá-lo a decidir como viver depois de entrar em contato com várias formas de fazer isso.

Observe o máximo que puder. Sinta o máximo que puder. E faça questão de pensar com sua própria cabeça.

52

ACREDITE EM VOCÊ.

Quando você desiste, seu potencial despenca.

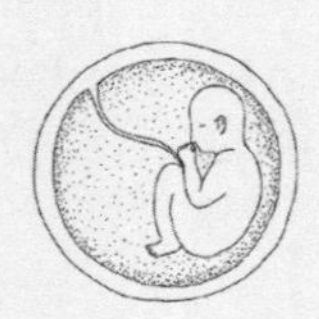

A possibilidade brota da confiança.

No zen, nós dizemos: "Todas as coisas vêm do nada". Essas palavras se aplicam em especial à natureza humana.

Todos nascemos nus. Ou seja, desprovidos de posses. Com absolutamente nada.

Olhando para a situação de outra forma, também é possível dizer que é exatamente quando não temos nada que nosso potencial é ilimitado de verdade. E dentro desse nada podemos encontrar infinitas possibilidades. Ou, como dizemos no zen: "Dentro do nada existe um potencial infinito".

Nós temos diversas competências — ninguém tem zero potencial. A pergunta é: como trazer isso à tona?

Para aqueles que estão se sentindo empacados na vida, ou que perderam a convicção, a resposta é: acredite mais em você.

Suas capacidades ainda não foram realizadas de forma plena. Caso faça um esforço para explorar mais seu potencial, terá uma revelação. Passará a acreditar nas possibilidades que residem dentro de você.

A vida nem sempre é um mar de rosas. Nossos esforços às vezes acabam não rendendo recompensas. Apesar disso, tente acreditar em você e fazer seu melhor. Não tenha medo de seguir em frente.

53

EM VEZ DE SE PREOCUPAR, TOME UMA ATITUDE.

Uma forma muito mais fácil de encarar um desafio.

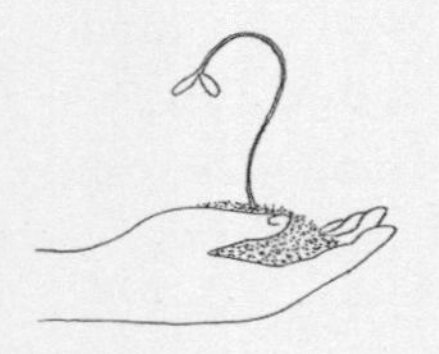

Para aqueles que plantam a semente da própria ansiedade.

Eu dou aulas numa universidade, e os alunos muitas vezes vêm até mim em busca de conselhos sobre como arrumar um emprego.

Escuto coisas como: "Mesmo se me candidatar a um cargo numa empresa de que gosto muito, posso nem receber uma resposta", ou "Quando vejo as estatísticas de contratação da empresa, percebo que eles não recrutam muita gente da nossa universidade". Vários desses estudantes parecem prestes a desistir.

Eu digo: "Não se apegue tanto aos números. Vá até lá e veja com seus próprios olhos".

Se você permitir que a preocupação monopolize sua mente, deixará que ideias como "Eu não sou capaz de fazer isso" ou "Isso nunca vai dar certo" dominem seus pensamentos.

Mas, se mergulhar de cabeça, pode se surpreender com a facilidade com que consegue realizar alguma coisa ou encontrar uma solução. É como saltar de paraquedas ou andar de montanha-russa — a parte mais assustadora não é o ato em si, mas o momento que o antecede.

Responda com sinceridade: você planta as sementes de sua própria ansiedade?

É uma perda de tempo se perder num labirinto criado e construído por você.

Em vez disso, direcione as energias para sua realidade no momento e tente dar um passo de cada vez.

54

DESENVOLVA SUA FORÇA MENTAL.

Qual é a serventia do trabalho pesado?

Uma mente flexível é uma mente forte.

Quando alguém nos critica, no mesmo instante nos sentimos magoados. Quando alguma coisa desagradável acontece, não conseguimos parar de pensar nela. Por que não podemos apenas seguir em frente?

Uma maneira de fortalecer a mente é fazendo faxina.

Quando limpamos, usamos nosso corpo e nossa mente. Embora aquilo que aprendemos com o esforço mental seja importante, o que nosso corpo aprende com o trabalho braçal tem um efeito mais potente sobre nossa força mental.

A prática do zen-budismo envolve o aprendizado através do trabalho braçal. Os monges zen acordam bem cedo para fazer faxina. Quando está frio, varrer e passar pano molhado em tudo é difícil para qualquer um. Mas, quando terminamos, assim que olhamos ao redor e vemos um ambiente limpo e arrumado, nos sentimos renovados. É impossível experimentar essa sensação a menos que se tenha feito a faxina com suas próprias mãos.

Trabalho pesado e perseverança. Tem gente que faz careta só de ouvir essas palavras.

Você pode estar se perguntando: "Qual é a serventia disso tudo?". É trazer benefícios a você.

Quando fazemos um trabalho pesado que envolve a cabeça, o coração e o corpo, é impossível que isso não nos fortaleça. Nós nos tornamos mais bem equipados para reagir às coisas da vida com mais força mental.

55

TENHA INICIATIVA.

Seja uma pessoa pé no chão.

Algumas coisas só podem ser apreciadas de verdade quando são feitas por você.

Existe um provérbio zen que diz: "Experimente o quente e o frio na própria pele". Isso quer dizer que, por mais que você tente explicar a frieza ou o calor — na água, por exemplo —, é impossível saber de verdade sem tocá-la. A questão aqui é a importância da experiência em primeira mão.

No Japão, há uma famosa apresentadora de TV chamada Miyoko Omomo. Ela fez uma visita à sua cidade natal, Niigata, depois da transformação da paisagem local causada pelo terremoto de Chuetsu, em 2004, e ficou se perguntando como poderia ajudar. Como vinha de uma família de agricultores, arrendou um terreno e começou um cultivo de arroz por conta própria. Nos dias úteis continuava em seu emprego em Tóquio, e nos fins de semana ia para a sua cidade, onde trabalhava na lavoura. Ela fez tudo sozinha, do plantio à colheita, e não hesitou na hora de sujar as mãos de terra.

Ouvi uma declaração sua num programa de rádio: "Nunca comi um arroz tão gostoso na vida. Era como se eu pudesse ver o rosto de Kannon (a deusa da misericórdia) em cada grão".

Ela soube apreciar o valor do arroz que trabalhou tanto para plantar e colher. Literalmente se tornou uma pessoa mais "pé no chão".

Existem coisas que só podem ser apreciadas de verdade quando são feitas por você.

56

ESPERE PELA OPORTUNIDADE CERTA.

Quando as coisas não saem como você quer.

A mentalidade japonesa.

Historicamente, os japoneses são um povo de agricultores. Nós aramos a terra e vivemos das graças que a natureza nos concede.

A cultura de um povo agrícola é, de certa forma, voltada para a floresta. Ao contrário do que acontece nos desertos, existe abundância de alimento nos bosques. As árvores produzem flores, frutos e nozes. Sem saber quando os frutos iriam cair, nossos ancestrais se reuniam debaixo das árvores e esperavam. Assim desenvolveram uma cultura de coleta.

Depois de comer o fruto caído, eles plantavam as sementes no solo. Os brotos apareciam, e mais tarde haveria alimento suficiente para que ninguém pensasse em pegar os frutos do outro.

É possível afirmar que, em virtude dessa herança, os japoneses são naturalmente calmos e desenvolveram uma mentalidade de esperar a oportunidade certa e de ajudarem uns aos outros.

Observe o seu entorno com atenção. Abra os ouvidos para a voz da natureza e se acostume ao seu ritmo. Isso pode levar à contemplação profunda, e tornar mais claro o que você deve fazer a seguir.

Quando as coisas não estão indo bem no trabalho e nas relações interpessoais, empenhar-se com todas as forças em busca de uma solução é uma possibilidade.

Mas existem ocasiões em que esperar pelo momento certo pode ser melhor.

57

APRECIE SUA CONEXÃO COM OS OBJETOS.

Reconheça o luxo de não ter tantas coisas.

Ter apreço pelas coisas é ter apreço por você.

Apesar de já ter um computador, quando um modelo mais recente é lançado, de repente você passa a querê-lo. Embora seu carro tenha apenas três anos, você tem vontade de trocá-lo por um novo. O desejo alimenta a si mesmo, e a mente acaba dominada pela ganância sem limites. Isso não é felicidade.

Pense nas coisas que o cercam. Desenvolva um apreço por elas. Existe alguma coisa específica que gerou sua conexão com elas, que o fez querer comprá-las. Cuide bem delas; trate-as como se fossem as melhores coisas do mundo.

Você pode decidir ter um carro, e trabalhar muito para conseguir o dinheiro para comprá-lo. Não há nada de errado com isso. O importante é tratá-lo com amor quando for seu.

Pense em suas coisas como partes de você. É raro achar alguém que não cuide nem um pouco de si; quando você adquire uma coisa e começa a cuidar dela, um amor acaba surgindo. O mais importante é sua postura em relação às coisas que lhe pertencem.

Use as mesmas coisas durante anos, talvez até décadas. Você vai se sentir bem pelo tempo que passou com elas. Pense na conexão entre pessoas e coisas. Trate ambas bem, como gostaria que tratassem você.

58

EXPERIMENTE CONTEMPLAR A NATUREZA EM SILÊNCIO.

Arrume tempo para se observar bem de perto.

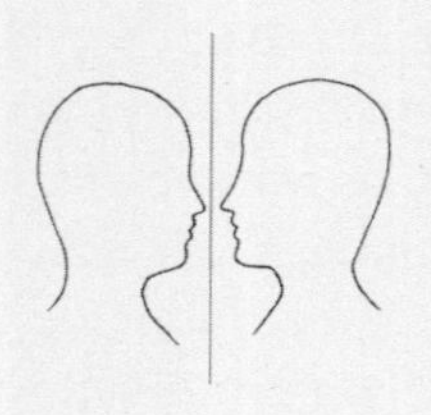

O motivo pelo qual você tem um desejo inconsciente de se sentar quando encontra um jardim.

Os templos de Kyoto e Nara atraem muitos visitantes. Seus jardins existem há centenas de anos. Quando vemos esses jardins, automaticamente acabamos nos sentando. Apesar de podermos contemplá-los de pé ou andando, por alguma razão queremos nos sentar. Esse ato incentiva a contemplação.

O que pensamos varia de pessoa para pessoa, mas, quando vemos um jardim, alguns de nós podem refletir sobre o jardim em si. Ao fazer isso, transcendemos centenas de anos e somos capazes de travar um diálogo silencioso com as pessoas que o criaram.

No fluxo relaxante de um estado contemplativo, tentamos encontrar nossa própria existência. É uma oportunidade de reexaminar nosso dia a dia.

É importante arrumar tempo para esse tipo de experiência. Você não precisa ir a Kyoto ou Nara — um jardim, um templo ou uma igreja perto de sua casa também servem.

Tente se sentar e estabelecer um diálogo com a natureza.

59

TENTE ESPAIRECER A CABEÇA.

Tenha a consciência de quais sentidos estão sendo estimulados.

Faça menos, não mais.

Esvaziando a mente, permitimos que o nada tome conta de nós. No mundo do zen, chamamos isso de *mushiryo*, ou "além do pensamento", que se refere a um estado no qual não retemos nada dentro de nós mesmos.

Espairecendo a cabeça e olhando para o céu, você verá a mudança no formato das nuvens. Esvaziando a mente e ouvindo com atenção, tudo ao seu redor vai se resumir aos sons interligados na natureza: o canto dos passarinhos, o farfalhar das folhas ao vento.

Mesmo se estiver numa cidade, ainda existem muitos sons e cenários que evocam a natureza. Absorva ao máximo o mundo natural. Ao fazer isso, você perceberá que também é parte da natureza.

Por exemplo, a chuva que cai das nuvens que você viu no céu se despeja sobre um rio ou alimenta o lençol freático que fornece sua água potável. Esse é o momento em que você vivencia a completude da inter-relação das coisas na natureza.

Sobretudo nos momentos mais corridos, arrume tempo para espairecer a cabeça.

Ainda que por poucos minutinhos, experimente a prática zen do *mushiryo*, de ir além do pensar e não pensar. Você pode se surpreender com o quanto isso vai acalmar sua mente e infundir em seu corpo uma extraordinária dose de energia.

60

APRECIE UM JARDIM ZEN.

Experimente ver como esses jardins estão imbuídos da "mente zen".

Existe um poder regenerador num jardim zen.

Visitar antigas cidades japonesas nos dá a oportunidade de apreciar os jardins dos templos zen.

Em termos literais, todos os jardins localizados em templos zen-budistas podem ser considerados jardins zen.

Mas não é bem assim.

Por quê? Vamos pegar como exemplo a pintura zen.

Vamos analisar a pintura *sumi-e* de Bodhidharma feita por um famoso artista japonês. Por mais esplêndida que a imagem possa ser, não podemos considerá-la uma pintura zen.

O que estou querendo explicar é que tanto os jardins como as pinturas zen têm uma forma específica. São expressões definitivas da maestria de seu criador em estado zen, também chamado de mente de buda.

É preciso praticar o treinamento do zen-budismo por muito tempo antes de atingir a mente de buda. No estado zen, a beleza singular de uma paisagem imaginária pode ser expressa num jardim ou numa pintura. Isso transmite uma tranquilidade que pode regenerar a mente.

Em vez de observar apenas a beleza superficial de um jardim zen, tente experimentar o estado mental que está presente nele. Quando se sentir parte integrante do jardim, você não vai nem notar a passagem do tempo. Quanto mais conseguir apreciar os conceitos que permeiam o jardim, mais você conseguirá regenerar sua mente.

PARTE TRÊS

VINTE MANEIRAS DE ALIVIAR A PREOCUPAÇÃO E A ANSIEDADE

Tente mudar a forma como interage com os outros.

61

SIRVA ÀS OUTRAS PESSOAS.

O ponto de partida para uma vida de contentamento.

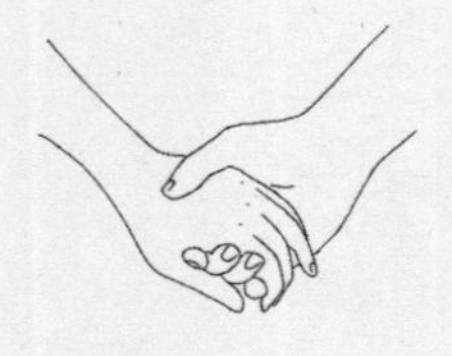

De onde surge a preocupação?

Um estado de clareza absoluta, não perturbada por nenhum desejo ou apego — esse é o estado do "nada" que o zen enfatiza acima de tudo.

Esvaziar-se de pensamentos é a base para os ensinamentos de Buda, e para suas noções fundamentais de impermanência e insubstancialidade. Buda ensina que o sofrimento humano decorre da falta de consciência a respeito dessas noções.

Em outras palavras, nossa ansiedade e nossas preocupações têm origem na incapacidade de aceitar que o mundo está em constante mudança, na crença — ou esperança inconsciente — de que nós e nossas posses, ou as pessoas que nos cercam, nunca vão mudar.

É exatamente quando somos traídos por essa esperança que experimentamos nossos dissabores.

Tudo exerce influência sobre todo o resto.

Por exemplo, se você decidir que quer ser feliz, precisa que todo mundo ao seu redor também se sinta assim. É por isso que servir às outras pessoas pode contribuir para sua felicidade.

Não se agarre à crença de que tudo o que é deve continuar sendo. Pratique o desapego. Ao fazer isso, você fará com que outras pessoas sejam felizes.

Mantenha isso em mente, e você terá uma vida de muito mais contentamento.

62

AFASTE OS “TRÊS VENENOS”.

Inclua a mentalidade zen em sua vida.

Mantenha seus desejos e sua raiva sob controle, e se esforce para entender a natureza das coisas.

No budismo, existe o que chamamos de "três venenos". Não são do tipo de veneno que você pode ingerir; os ensinamentos se referem a eles como paixões ou desejos mundanos. São a raiz do sofrimento humano, já que nos impedem de chegar à iluminação.

Os três venenos são a ganância, a raiva e a ignorância.

Quando somos afligidos pela ganância, ao conquistarmos aquilo que desejamos, continuamos querendo mais. A raiva nos faz perder o controle por motivos insignificantes e, quando provocados, nós a descontamos nos outros. A ignorância é um estado de tolice: somos desprovidos de bom senso ou conhecimento, por falta de instrução — porém o que nos falta mesmo é uma compreensão de nossa verdadeira natureza de buda.

Enquanto nos deixarmos governar por esses três venenos, ou aflições mundanas, não poderemos viver felizes e desfrutar da liberdade.

Quando sentir que um desses venenos está começando a se manifestar, tente acalmar a mente regulando sua respiração. Isso pode ajudar a impedir que as aflições tomem conta de você.

63

ALIMENTE SEU SENSO DE GRATIDÃO.

O significado mais profundo de palavras casuais.

Algumas poucas palavras que são repletas de afeto.

Quando alguém pergunta "Como vai você?", em japonês respondemos *Okagesama de*, ou "Tudo bem, graças a Deus". Falamos isso o tempo todo, mas é uma resposta belíssima e, a meu ver, bem japonesa.

Ninguém é capaz de viver apenas por sua própria graça. Dependemos do apoio dos outros, e, quando conseguimos tê-lo, nós agradecemos. Por mais óbvio que possa parecer, às vezes nos esquecemos disso. E, quanto mais nos esquecemos, maior a necessidade de expressar esse sentimento em palavras.

"Bom dia" em japonês é *Ohayo gozaimasu*, que ao pé da letra significa "É cedo". O sentido implícito da expressão é: "Temos o dia todo pela frente e, como chegamos bem até aqui, vamos continuar nos esforçando para que aconteça o melhor".

Outra expressão comum na língua japonesa é *itadakimasu*, que usamos antes de comer. É uma forma de agradecer pelo alimento que estamos prestes a consumir, e também inclui um agradecimento às pessoas que prepararam a comida para nós. Seja um prato de peixe ou vegetais, nosso alimento ainda tem vida. Ao consumir essa vida, mantemos nosso sustento e conseguimos seguir vivendo. Por isso, somos gratos. Todos esses sentimentos estão contidos na expressão *itadakimasu*.

Frases comuns do dia a dia podem parecer familiares e automáticas, mas contêm reservas profundas de significado e sentimento.

64

DEMONSTRE COMO ESTÁ SE SENTINDO, EM VEZ DE AFIRMAR.

Uma maneira de transmitir suas verdadeiras intenções.

Entenda o pensamento por trás do uchimizu, *o costume japonês de esguichar água do lado de fora de um portão.*

Expresse como se sente de forma espontânea e sem usar uma palavra. Quando se trata de revelar nossas verdadeiras intenções, os atos vão além das palavras.

Num dia quente de verão, você pode estar aguardando uma visita.

Antes de recebê-la, esguiche água do portão para a rua. Esse ato serve para purificar a entrada de sua casa e fazer seus visitantes se sentirem bem-vindos. A pessoa que chega vê a mancha de água na calçada ou as gotas no canteiro de flores e pensa: "Ah, minha visita está sendo esperada. Quanta hospitalidade!".

Não existe absolutamente nada forçado ou impositivo nisso. É apenas uma maneira de dar boas-vindas, um belíssimo gesto tipicamente japonês.

Quando se trata de expressar seus desejos ou suas intenções, não é prudente usar de insistência ou assertividade.

Os japoneses sempre tiveram um sexto sentido para interpretar os sentimentos, seja prestando atenção nos demais ou através de algum entendimento tácito.

Vale lembrar que nos comunicamos cada vez que respiramos, e nunca devemos esquecer a verdadeira natureza de nosso coração.

65

EXPRESSE O QUE SE PASSA EM SUA MENTE, MAS NÃO COM PALAVRAS.

O que se pode ver não é tudo que existe.

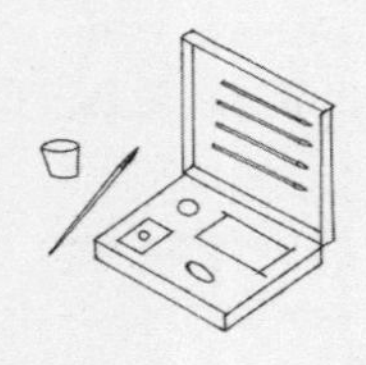

Por que as pinturas zen são feitas com nanquim?

Para a filosofia zen, "o despertar espiritual é transmitido fora dos sutras. Não pode ser vivenciado através de palavras ou letras".

O que isso significa é que a essência do ensinamento zen não pode ser expressa em palavras — nem escritas nem faladas.

A pintura zen é um exemplo disso.

As paletas de cores não são usadas na pintura zen — apenas o nanquim. O motivo? A crença de que a verdadeira beleza não pode ser demonstrada em cores, que são uma expressão imperfeita do caráter inefável do que é belo. Por isso são evitadas.

Cada um de nós vivencia o esplendor do pôr do sol de forma diferente. Apesar de todos descrevermos sua cor como um vermelho-alaranjado, cada um pode enxergá-la de um jeito. Usando apenas nanquim, o pintor permite que cada um vivencie a coloração do pôr do sol da maneira como a enxerga em sua mente.

É por isso que se diz que a pintura zen usa uma única tinta para expressar todas as cores, seja verde, azul, amarelo, roxo ou vermelho.

Uma gama infinita de cores pode ser encontrada nos matizes do nanquim. A depender de quem vê, a tinta assume várias tonalidades e camadas. O que se pode ver não é apenas o que está lá.

66

CONCENTRE-SE NOS MÉRITOS DAS OUTRAS PESSOAS.

Principalmente quando os defeitos delas se tornarem evidentes.

Tanto nos jardins como nas relações interpessoais, o fundamental é a harmonia.

Os jardins japoneses não são projetados acrescentando e tirando elementos de maneira aleatória. O espaço como um todo é composto de modo a extrair o máximo das características de cada elemento, como o formato de uma pedra, ou a maneira como uma determinada árvore se verga.

O que significa extrair o máximo de cada elemento de um jardim?

Digamos que um jardim terá várias árvores. Não podemos simplesmente plantar as árvores e dar o trabalho como encerrado. É importante identificar o formato ideal de cada uma.

Que tipo de sensação cada árvore transmite? Como devemos plantar uma árvore — em que posição, e voltada para qual direção — para enfatizar suas qualidades mais atraentes?

Em outras palavras, devemos saber apreciar a individualidade de cada árvore para fazer com que ela se expresse. Compreendendo sua essência, podemos colocá-la em harmonia com outros elementos do jardim.

O mesmo vale para as relações entre as pessoas.

Precisamos reconhecer nossa individualidade e a dos outros para conseguirmos nos dar bem. Isso não significa dizer que você deve se adaptar às outras pessoas, mas, ao concentrar-se nos méritos delas, é possível criar belíssimos relacionamentos.

67

APROFUNDE SUA LIGAÇÃO COM ALGUÉM.

O verdadeiro sentido de "apenas uma vez na vida".

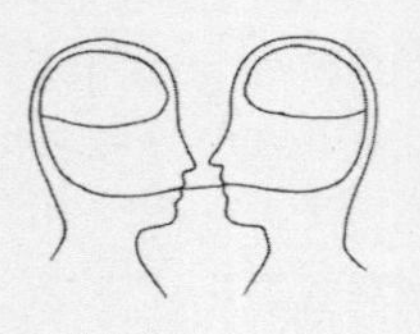

Concentre-se num único encontro.

Ao que parece, hoje em dia as pessoas só querem saber de relacionamentos superficiais. Quanto mais gente conhecem, melhor. A rede de contatos é a chave. No mundo dos negócios, isso é muito importante, claro.

Mas, na vida pessoal, não importa se seu círculo de amigos for pequeno. Não acredito que eu possa de fato contar com muitas pessoas. É mais enriquecedor cultivar um único relacionamento significativo do que estabelecer cem conexões insubstanciais. Pelo menos na minha opinião.

Existe um ditado que se origina no zen: *ichi-go ichi-e*, ou "apenas uma vez na vida". Isso significa que devemos valorizar cada encontro, pois existe a possibilidade de falar com aquela pessoa somente uma vez.

Isso não significa que devemos aumentar o número de encontros com os amigos que temos, ou fazer mais amizades. Concentre-se num único encontro e cultive um relacionamento significativo. O que importa não é o número de contatos que você tem, mas a profundidade de cada um deles.

68

ENTRE EM SINTONIA COM O TEMPO.

Isso se aplica também aos relacionamentos interpessoais.

Não se apresse nem relaxe demais.

Existe um ditado japonês, *sottaku doji*, que significa literalmente "bicar ao mesmo tempo por dentro e por fora".

É usado para descrever o que acontece quando um filhote de ave está saindo do ovo: a primeira parte se refere ao fato de o filhote bicar a casca pelo lado de dentro; a segunda, à reação da mãe quando escuta o filhote e começa a bicar de fora para ajudá-lo a sair.

Trata-se de uma situação muito delicada. Se a mãe quebrar a casca antes de o filhote estar totalmente formado, ele morre. Então a mãe precisa ouvir com muita atenção o som das bicadas do lado de dentro e decidir se é seguro acrescentar suas bicadas cuidadosas do lado de fora para ajudar a romper a casca.

Em outras palavras, *sottaku doji* diz respeito a encontrar o momento perfeito para ambos.

É óbvio que isso se aplica à criação de filhos, mas também tem outras utilidades.

Quando se está treinando alguém para um trabalho, não dá para apressar a pessoa ou deixá-la relaxada demais. E, quando você está se submetendo a um treinamento, é sua responsabilidade demonstrar disposição para progredir.

Os melhores resultados aparecem quando as duas partes agem no tempo certo e de forma sincronizada.

69

ABRA MÃO DA NECESSIDADE DE QUE TODO MUNDO GOSTE DE VOCÊ.

Isso vale inclusive para monges zen.

Não se prenda; não tenha preconceitos; não exija demais.

As relações interpessoais podem ser complicadas. Por mais que você se esforce, é difícil ter a mente aberta em relação a todo mundo. Até mesmo os monges zen de um templo nem sempre se dão bem.

Não é necessário pensar: "Vou me dar bem com essa pessoa", ou "Vou tentar conhecer melhor essa pessoa". Esse apego à noção de que é preciso fazer amizade com alguém só vai atrapalhar. Você se prenderá à ideia de que é preciso que os outros gostem de você. Isso só serve para criar tensões.

Não se prenda; não tenha preconceitos; não exija demais. Por que não se desapegar de certas coisas desimportantes e diminuir suas preocupações? Não estou sugerindo que você tente ser impopular de propósito, mas, por outro lado, não tente agradar demais.

Quando uma flor desabrocha, a borboleta a encontra naturalmente. Quando a folhagem das árvores surge, os pássaros aparecem em bando sem precisar ser chamados e, quando as folhas caem no inverno, eles vão embora.

Os relacionamentos que estabelecemos com as pessoas não são diferentes.

70

NÃO DESENVOLVA UMA FIXAÇÃO PELO CERTO OU ERRADO.

A questão é saber ceder.

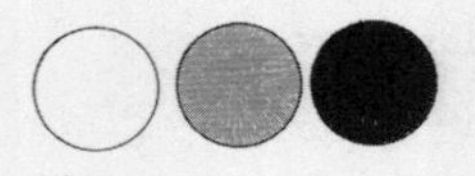

Se você se fixar no preto e no branco,
perderá a beleza do cinza.

O budismo é uma religião extremamente tolerante.

Os budistas não pensam em termos de preto no branco. Algumas coisas são brancas, outras são pretas, e entre uma e outra existem vários tons de cinza. Esse espírito abrangente está no coração do budismo, e explica em boa parte como a religião se enraizou no Japão.

O xintoísmo é praticado no Japão desde os tempos antigos, e em algum momento o budismo chegou da China. Em vez de opor o xintoísmo ao budismo, os japoneses consideraram que as duas religiões poderiam coexistir.

O conceito japonês de *honji suijaku* dá conta de que os deuses xintoístas são manifestações de deidades budistas, que juntos formam um todo indivisível, santificado nos santuários xintoístas naquilo que se chama de *gongen*.

Pode parecer uma falta de compromisso com uma religião ou com outra, mas exatamente por isso é um ótimo exemplo da sabedoria japonesa. É uma forma de os dois lados coexistirem, encontrando um meio-termo e evitando conflitos.

As coisas não precisam ser definidas como certas ou erradas, preto no branco.

Em vez de seguir por um caminho ou outro, o meio-termo pode ser a melhor saída.

71

VEJA AS COISAS COMO ELAS SÃO.

O ódio e a afeição compartilham da mesma natureza verdadeira.

A melhor maneira de evitar afetos e desafetos.

As relações profissionais tendem a ser difíceis. Alguém pode dizer: "É tudo culpa do meu subordinado", ou "Se ele não fosse meu chefe, tudo seria diferente". Podemos achar que viveríamos melhor se nunca tivéssemos conhecido alguns de nossos colegas de trabalho, mas, se são essas as pessoas com quem nosso emprego nos obriga a lidar, não temos escolha.

Dificuldades nas relações interpessoais — podemos dizer que se trata de um tema eterno.

Muso Kokushi, conhecido como "o pai dos jardins zen", certa vez disse o seguinte: "O principal benefício do zen não é evitar o negativo e promover o positivo, mas direcionar a pessoa para a realidade fundamental que não é afetada pela oscilação entre altos e baixos". Isso pode significar por exemplo que, ao reconhecer seus erros ou se reconciliar com um desafeto, você pode transformar uma má ação numa coisa boa.

Em outras palavras, tanto a sorte como o azar compartilham da mesma origem. O ódio e a afeição são em essência a mesma coisa.

Então o que define sua verdadeira natureza? Em poucas palavras, nossa mente. Nossas preferências, nossos afetos e desafetos, são produtos de nossa mente. No zen-budismo, dizemos: "Quando você atinge a iluminação, não existe gostar ou desgostar". Vendo as coisas como elas realmente são, nossas predileções desaparecem.

72

SAIBA SE DESAPEGAR.

"Não dê atenção" também é parte da sabedoria budista.

"Sem se deixar perturbar mesmo quando os oito ventos sopram."

As palavras são importantes.

No entanto, ainda mais importante é não se deixar abalar por elas.

No trabalho ou em interações sociais, há ocasiões em que ficamos chateados com o que nos é dito. Mesmo quando a intenção é fazer uma crítica construtiva, o ouvinte pode considerá-la cruel ou ríspida. Uma única palavra é capaz de perfurar como um punhal.

Mas os comentários negativos devem ser esquecidos rapidamente. É possível aprender a fazer isso "não dando atenção".

Há um provérbio segundo o qual a mente zen "não se deixa perturbar mesmo quando os oito ventos sopram". Nós nos esforçamos para permanecer impassíveis, seja qual for a situação — e inclusive para preservar a calma e o bom humor.

Tente se desapegar dos objetos. E não se prenda a palavras também. Mesmo quando suas interações com alguém forem tensas, não se apegue a essa relação. Tente estabelecer um distanciamento.

Essa é a sabedoria de Buda.

Para viver livremente, precisamos aprender a manter uma mente sem fardos.

73

NÃO PENSE NAS VANTAGENS E DESVANTAGENS.

De onde vem a consciência de nossas fraquezas?

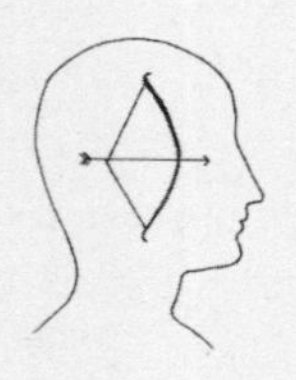

As pessoas com quem nos damos bem,
e aquelas com quem nos damos mal.

É impossível não ter nenhuma fraqueza. A pessoa pode até não ser mal-intencionada, mas por causa de suas palavras acabamos irritados ou chateados com ela. Muito provavelmente você conhece alguém que exerça esse efeito em sua vida.

Como essas pessoas parecem saber exatamente de que maneira nos atingir?

Permita-me explicar brevemente o conceito de *ishiki*, ou "consciência mental", que existe dentro do pensamento zen.

Você conhece uma pessoa e pensa: "Ah, ela parece ser legal", ou "Acho que vou me dar bem com ela". Isso tem relação com o *i*, o primeiro caractere de *ishiki*, que se refere à mente ou ao coração.

Mas e quanto ao segundo caractere, o *shiki*? Ele diz respeito a julgar o valor de alguém. "Essa pessoa pode ser útil à minha carreira", ou "Esse sujeito não vai me levar a lugar nenhum". Quanto mais fazemos isso, mais nossas fraquezas são reveladas.

Cem pessoas diferentes terão cem formas distintas de raciocinar e fazer julgamentos. Em vez de pensar em vantagens e desvantagens e avaliar se alguém pode ser útil, leve em consideração sua compatibilidade com as pessoas. Fazer isso alivia boa parte da pressão de seus relacionamentos.

74

NÃO SE DEIXE LEVAR APENAS PELAS PALAVRAS.

A importância de saber ler os sentimentos das pessoas.

Escute com empatia o que os outros têm a dizer.

Os sentimentos das pessoas nem sempre podem ser expressos com palavras. Alguns têm dificuldade de descrever como se sentem.

É por isso que somos dotados da capacidade de ler os sentimentos alheios.

Existe um ditado zen, *Nenge misho*, que se refere a uma das parábolas de Buda, conhecidas como koans. Quando se sentou para transmitir o darma a seus muitos discípulos, dizem que Buda não emitiu nem uma palavra sequer, apenas girou uma única flor entre os dedos e abriu um leve sorriso. Os discípulos ficaram intrigados e, entre as diversas pessoas presentes, Mahakashyapa foi o único que retribuiu o sorriso. Mahakashyapa entendeu o gesto silencioso de Buda e, por captar essa forma de transmissão do darma, foi designado seu sucessor.

Ainda assim é importante tentar expressar nossos sentimentos em palavras, claro. Por isso devemos prestar muita atenção no que os outros nos dizem.

Porém, não podemos perder de vista aquilo que é essencial, em vez de nos deixarmos levar apenas pelas palavras. Precisamos escutar o que os outros têm a dizer, mas também procurar entender seus sentimentos com empatia.

75

NÃO SE GUIE PELA OPINIÃO DOS OUTROS.

O segredo para se livrar da confusão mental.

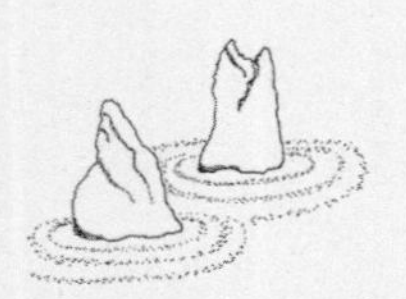

Saber tomar decisões é mostrar autoconfiança.

A distribuição das pedras tem um papel central nos jardins zen. Elas podem ser configuradas de infinitas maneiras, representando microcosmos, simbolizações e abstrações. No meu trabalho como projetista de jardins e monge zen praticante, é possível dizer que meus projetos refletem meu estado mental. É por isso que existe uma tensão tão positiva entre os elementos dos jardins zen.

O trabalho que faço não é uma coisa que posso executar sozinho. As pedras precisam ser transportadas. Várias ferramentas são necessárias, e o processo de construção exige uma equipe inteira.

Antes de concluir um jardim zen, preciso me valer de muitas mãos.

Minha experiência, porém, ensina que, se eu me concentrar demais naquilo que a equipe vê, acabo encontrando dificuldade para transformar o jardim numa expressão de meus próprios pensamentos.

Apesar de parecer contraintuitivo, quando se trata de coordenar a direção para a qual as pedras serão viradas, quanto menos gente envolvida, mais fácil é estabelecer uma sincronia.

E, quando chega a hora de dar os toques finais, prefiro fazer isso sozinho.

Saber tomar decisões é mostrar autoconfiança.

76

TENHA FÉ.

Saiba se beneficiar da sabedoria de seus ancestrais.

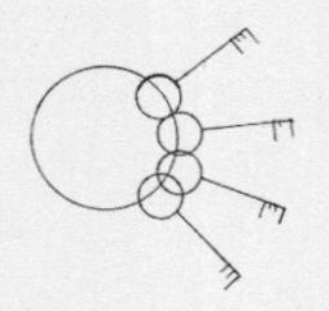

Encontre os pontos-chave da vida nas histórias das pessoas mais velhas.

Aqueles que têm o que é conhecido como fé — ou chegam ao cerne de como viver — nunca desanimam. Isso está acima de qualquer dúvida.

Mas como é possível obter fé?

Aprendendo com os mentores ao seu redor.

Há um grande número de capacidades que podem ser adquiridas observando os mais velhos, que são os melhores mentores em tudo. Quer se trate das histórias de seus sucessos ou de seus fracassos, pode ser muito benéfico ouvir o que essas pessoas têm a dizer.

Olhe ao redor — provavelmente existem muitos idosos em seu círculo de convivência. Cada um tem sua história de vida. E cada um tem sua experiência e seu conhecimento — que são exponencialmente maiores do que tudo que você já aprendeu até aqui. É um recurso maravilhoso, e bem próximo de você.

As histórias que os mais velhos têm a contar sobre tudo o que viram e vivenciaram são de um valor inestimável. Ao contrário do conhecimento adquirido nos livros ou na escola, são um relato de experiências em primeira mão, vindas do coração e vividas na própria pele. Nessas histórias verídicas é possível encontrar os pontos-chave da vida.

77

ESTABELEÇA UMA CONVERSA COM UM JARDIM.

Tudo o que você perde quando se deixa levar pelas aparências.

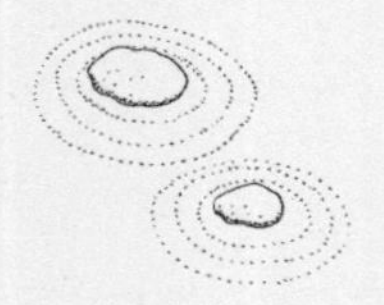

O significado de wabi-sabi.

Um monge zen vai para as montanhas se dedicar ao treinamento no budismo. Enquanto se ocupa de sua prática, embrenhado na natureza e distante de qualquer povoamento, ele recebe uma visita.

"Lamento muito ter obrigado você a vir até aqui, para o meio do nada", ele diz ao visitante. Esse pedido de desculpas — em japonês, *wabi* — é o primeiro componente da estética japonesa do *wabi-sabi*.

A segunda parte — o *sabi* — diz respeito a um sentimento semelhante: "Obrigado por ter vindo até aqui, um lugar remoto e distante". *Sabi* também é um termo usado para designar pátina ou ferrugem — a beleza que vem com o tempo —, e provavelmente reflete a simplicidade da humilde morada do monge. Evoca sua solidão, ou, em japonês, *sabishii*.

Tudo isso para dizer que o espírito do *wabi-sabi* se baseia na consideração pelos outros. Esse sentimento também pode ser encontrado nos jardins zen.

Quando um jardim zen é projetado, a primeira coisa a ser considerada não é a disposição das pedras ou a distribuição da areia. Em princípio, a questão não é uma forma ou uma aparência específica, mas o sentimento que o jardim deve encarnar.

Tente estabelecer uma conversa com um jardim zen. Vivencie a beleza melancólica que o projetista estava tentando transmitir e responda da sua própria maneira.

78

FAÇA ALGUÉM FELIZ.

Mais um ingrediente para suas refeições.

A hospitalidade japonesa pode evocar o fluxo do tempo, mesmo à mesa do jantar.

Quando recebe visitas, é provável que você queira oferecer um jantar com vários pratos, com ingredientes especiais de altíssima qualidade — um banquete ocidental.

A hospitalidade japonesa é um pouco diferente. Acima de tudo, os japoneses prezam por uma culinária afinada com as estações.

A escolha do que servir é determinada pelos ingredientes da época. E há mais dois elementos: um alimento cuja época acabou de terminar, evocando o momento que passou, e outro cuja época está prestes a começar, sugerindo o momento que está por vir.

Em outras palavras, a refeição inclui o que sobrou da estação anterior, a produção que está no auge naquela época do ano e os primeiros alimentos da safra seguinte. Essas três coisas compõem o fluxo do tempo — o passado, o presente e o futuro —, para deleite do convidado.

O ponto alto em termos de hospitalidade não é necessariamente obtido com os ingredientes mais sofisticados. Seja numa refeição ou num presente, tente incorporar o fluxo do tempo para deixar seus convidados felizes.

79

ENCONTRE OCASIÕES PARA REUNIR A FAMÍLIA.

O ambiente em que você pode se mostrar como é.

Tomando consciência do que realmente importa.

O que significa ter uma família?

As pessoas se casam, têm filhos, vivem juntas — mas isso é apenas o que vemos do lado de fora.

É com a família que conseguimos encontrar a verdadeira paz mental, um ponto de apoio emocional.

Quando estamos em família, não precisamos nos esforçar tanto para manter as aparências — podemos apenas ser nós mesmos. É possível dizer que um estilo de vida zen busca a mesma coisa. Parece simples, mas na verdade é bem difícil. Todos queremos esconder nossas fraquezas e nos mostrar como pessoas melhores do que realmente somos.

Mas viver assim em algum momento cobra seu preço. É exatamente por isso que precisamos da família — para deixarmos nosso verdadeiro eu vir à tona.

Ainda que você não more perto da família, da próxima vez que fizer uma visita, arrume tempo para se sentar e ter uma boa conversa.

O ambiente familiar é onde você pode mostrar quem realmente é. Esse tempo pode servir para regenerar uma mente cansada e revitalizar seu coração.

80

SAIBA APRECIAR TODAS AS PESSOAS QUE VIERAM ANTES DE VOCÊ.

Perceba o milagre de "estar aqui agora".

Se um único ancestral seu fosse apagado,
você não existiria.

Os japoneses costumavam ter famílias grandes. Havia o avô e a avó, e os pais, e os filhos. Três ou quatro gerações, todas vivendo juntas sob o mesmo teto — isso facilitava a transmissão da história familiar.

O avô de oitenta anos poderia contar para o neto de cinco sobre seu próprio avô. A criança ouviria histórias de duzentos anos antes. Saberia como eram seus ancestrais. É o tipo de experiência que torna a história uma coisa viva.

É graças à existência de seus antepassados que você está aqui hoje. Voltando atrás dez gerações, você pode encontrar mais de mil ancestrais. Imagine quantos mais existiriam considerando vinte gerações, ou até trinta — pode haver mais de 1 milhão de pessoas. E, se apenas um deles fosse apagado, você não teria nascido.

Pensando dessa maneira, é impossível não sentir gratidão por seus antepassados. Parece de fato um milagre você estar aqui. Quando tomamos consciência desse milagre, passamos a entender como a vida é preciosa.

PARTE QUATRO

VINTE MANEIRAS DE TRANSFORMAR QUALQUER DIA NO MELHOR DE SUA VIDA

Tente voltar sua atenção para o momento presente.

81

VIVA AQUI E AGORA.

Como você estava um instante atrás já faz parte do passado.

Concentre-se no aqui e agora em vez de pensar no passado.

Como seres humanos, vivemos apenas no instante presente, no aqui e agora. Por isso precisamos treinar nossa mente a fim de direcionar sua presença para este exato momento. Essa é a forma de pensar do zen.

Como os zen-budistas gostam de dizer: "Habite os três mundos". Esses três mundos são o passado, o presente e o futuro. No zen-budismo, é comum ouvir os nomes Amida, Shaka (ou Shakyamuni) e Miroku, que representam Buda nesses três mundos.

Caso você esteja se perguntando se essa forma de pensar funciona mesmo, vamos começar com nossa respiração. Nós inalamos o ar e depois exalamos. O momento em que inalamos é o presente, mas, assim que exalamos, ele já ficou no passado. Falando de outro modo: as páginas anteriores deste livro foram lidas por uma versão sua do passado. E as próximas serão lidas por uma versão sua do futuro.

Quando alguma coisa ruim acontecer e o desânimo tomar conta de você, experimente bater as mãos com um estalo — num instante você vai se sentir melhor e começar a encarar as coisas de outra forma. Como num filme, em que o corte marca a passagem de uma cena para a outra, uma versão totalmente nova de você vai surgir.

O que importa é este dia, esta hora, este momento.

82

SINTA GRATIDÃO POR TODOS OS DIAS, MESMO OS MAIS ROTINEIROS.

A felicidade pode ser encontrada naquilo que não tem nada de extraordinário.

A maior felicidade possível está na ordem natural das coisas.

Certa vez, um comerciante que celebrava o nascimento de seu neto pediu ao monge zen Ikkyu, famoso por sua sagacidade, que escrevesse um texto comemorativo. Ikkyu pensou por um instante e então escreveu: "O pai morre, o filho morre, o neto morre". O comerciante leu com uma expressão confusa, então reclamou: "Por que você escreveu uma coisa tão mórbida?".

O que Ikkyu respondeu foi o seguinte: "Primeiro morre o pai, depois o filho, e por último o neto envelhece e morre. Essa é a ordem natural. Se para a sua família a morte vier na ordem natural, vocês serão muito felizes". Todos foram obrigados a concordar.

Viver mais um dia, mais um dia rotineiro como outro qualquer.

Respirar fundo, fazer nosso trabalho, dormir bem.

Por mais comum e banal que possa parecer, é isso que torna tudo ainda mais maravilhoso.

A simples passagem de um dia para o outro — trata-se de uma felicidade que está bem diante de nossos olhos.

83

RECONHEÇA QUE VOCÊ TEM PROTEÇÃO.

Estamos todos na palma da mão de Buda.

Então se anime e siga em frente!

Na forma de pensar do budismo, todos nós estamos na palma da mão de Buda. Por mais que tentemos resistir, no fim estamos apenas nos debatendo sem nunca sair de lá.

Você pode pensar: "Então por que não desistir?". Muito pelo contrário.

Quando as coisas não saírem como o esperado, você vai se sentir muito infeliz, mas ainda terá proteção, conforme dito antes, por estar na palma da mão de Buda. É por isso que você deve se animar e seguir em frente!

Todos nós estamos sozinhos na vida. Mas, apesar dessa solidão, Buda vê tudo o que fazemos. Isso deve ser encarado como um bálsamo — deve elevar nosso espírito. Buda enxerga tudo, tanto o bem como o mal. Acreditar nisso nos motiva a continuar vivendo.

A existência de uma proteção incondicional é um consolo permanente. E, apesar de não conseguirmos ver Buda com nossos olhos, uma crença firme nele nos enche de energia. Estou plenamente convencido de que estamos todos na palma de sua mão.

Não existe nenhuma certeza nas promessas que fazemos a nós mesmos — é por isso que direcionamos nossas promessas a Buda. Ao fazer isso, fortalecemos exponencialmente nossa crença.

84

PENSE POSITIVO.

Sua mente tem o poder de decidir se você é feliz ou não.

Você está aqui para viver ao máximo
cada um de seus preciosos dias.

Na história do Japão, o período Kamakura (1185-1333) e a primeira parte do período Muromachi (1333-92) foram caracterizados por guerras constantes. Essas eras medievais testemunharam a ampla disseminação do espírito e da prática do zen entre a classe dos samurais.

Os samurais encaravam a morte de perto o tempo todo. Não sabiam quando uma guerra iria começar — era bem possível que caíssem mortos no campo de batalha no dia seguinte.

O espírito do zen parecia mais do que apropriado a tais circunstâncias. A incerteza do amanhã torna ainda mais importante viver o momento. É preciso se esforçar ao máximo para apreciar o instante presente.

Nós budistas dizemos: "Todos os dias são bons dias". O significado disso é que, aconteçam coisas boas ou ruins, cada dia é precioso e nunca mais voltará. O que cada dia tem de bom não é determinado pelo que acontece ou por quem encontramos, mas por nossa própria mente.

Qualquer acontecimento pode ser interpretado de múltiplas maneiras; o importante é como você reage a eles. Nós não temos controle nenhum sobre o que vai ocorrer nem o poder de mudar as coisas, mas sua reação a tudo isso só depende de você.

Vamos fazer de hoje, e de todos os nossos preciosos dias, um bom dia.

85

NÃO COBICE.

Querer sempre mais leva ao sofrimento.

"Eu realmente preciso disso?"

No budismo costumamos dizer *chisoku*, que significa "satisfaça-se". Aprender esse conceito é suficiente para conseguir se satisfazer com aquilo que você já tem.

O desejo humano é infinito. Depois de adquirir uma coisa, desejamos outras dez. E, quando adquirimos essas dez, queremos outras cem. Apesar de não serem coisas necessárias, somos incapazes de frear nosso desejo. Uma vez que somos envolvidos por esses sentimentos, fica impossível nos satisfazer.

Há momentos nos quais queremos coisas de que precisamos. Não há nada de errado nisso. Mas, quando obtemos esse mínimo necessário, precisamos aprender a dizer para nós mesmos: "Ah, isso para mim já basta".

E depois devemos controlar nossos desejos por outras coisas.

Através da prática do *chisoku*, podemos desenvolver uma mente mais calma e tranquila. Simplesmente reconhecendo que já temos aquilo de que precisamos, nosso sofrimento diminui em grande medida.

Caso você se veja em meio a sentimentos de insatisfação, dê um passo atrás e analise aquilo que espera e deseja. Então se pergunte: "Eu realmente preciso disso?".

86

NÃO DIVIDA AS COISAS ENTRE BOAS E RUINS.

Suas preocupações vão desaparecer.

Sua respiração não está sujeita a julgamentos...
simplesmente é o que é.

Não existe nenhum segredo especial no ato de dominar alguma coisa. Basta repetir a mesma prática todos os dias. Adotar uma rotina sóbria, constante e contínua.

Em algum momento dessa rotina você perceberá: "Ah, essa é a resposta que eu estava procurando".

Um sacerdote zen de renome precisa praticar a austeridade para atingir a iluminação. Um atleta olímpico deve perseverar em seus treinos de natação ou atletismo.

E então, em algum momento, eles encontrarão o que buscavam ou dominarão sua arte. É assim que funciona.

Pensando apenas no objetivo final, você deixará de viver os prazeres da jornada. Quando se ocupa apenas de produzir resultados, você se torna incapaz de se dedicar ao aqui e agora.

Da mesma forma, não imponha um julgamento de valor àquilo que está fazendo no momento. Por exemplo, a respiração: não há como considerar sua respiração boa ou ruim. Você apenas respira; trata-se de um gesto repetido por hábito.

Tentar definir as coisas como boas ou ruins gera preocupação e estresse.

87

ACEITE A REALIDADE COMO ELA É.

A arte de saber se preparar.

Não é desistir de lutar, e sim saber se preparar.

O *zenji* (ou mestre zen) Koshu Itabashi é o abade aposentado de Sojiji, um templo em Yokohama. É uma pessoa por quem tenho tremendo respeito.

Itabashi Zenji foi informado de que estava com câncer. Ao que parecia, a doença estava em estágio bem avançado. Mesmo assim, todos os dias ele continuava a se dedicar ao zazen e a pedir esmolas, como se nada tivesse mudado. "Estou vivendo feliz com meu câncer", ele dizia.

Com certeza não é o que esperamos ouvir.

Não temos como mudar o fato de que o câncer existe. Embora nossa mente resista à ideia, a doença continua conosco. Essa é a realidade.

Então, como encarar uma coisa assim? Não podemos mudar o que acontece na vida, mas está dentro de nossa capacidade decidir como lidar com os acontecimentos.

A questão é saber se preparar. Ou seja, aceitar a realidade como ela é.

Ver as coisas como são. Aceitar as coisas como são.

Pode parecer que assim estamos desistindo de lutar, mas na verdade é exatamente o contrário.

88

NÃO EXISTE SÓ UMA RESPOSTA.

O significado por trás dos koans zen.

Por que nos dedicamos à prática zen de perguntas e respostas?

As seguintes ideias representam a base da iluminação de Buda:

Nosso eu essencial é puro e limpo, perfeito em sua clareza. A busca por essa essência é a busca pela iluminação, ou *satori*.

Como seres humanos, temos dentro de nós, desde o início, aquilo de que precisamos. A iluminação não se dá na busca de respostas fora de nós mesmos, e sim olhando para o nosso interior. Quando encontramos nosso eu puro e verdadeiro, isso é a iluminação — *satori*.

A escola Rinzai de zen-budismo mantém uma prática rigorosa de *mondo* — a prática zen de perguntas e respostas, ou o estudo dos koans zen — para atingir a iluminação. Os koans usam a linguagem para instigar e testar a mente.

Aqui está um exemplo bem conhecido: "Um cachorro tem a natureza de Buda?".

Responder "sim" pode ser considerado errado, mas responder "não" também pode ser incorreto.

A prática evolui à medida que mais respostas vão surgindo. Com a repetição desse exercício, aprendemos a olhar para dentro de nós.

89

TAMBÉM NÃO EXISTE SÓ UM CAMINHO.

Pensar com a cabeça ou com o corpo?

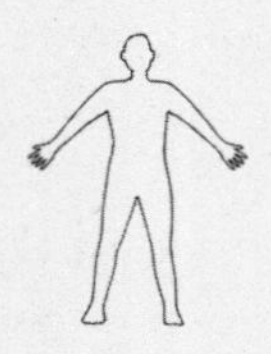

Ainda assim chegaremos à mesma resposta.

Enquanto a escola Rinzai de zen-budismo pratica o estudo dos koans para atingir a iluminação, a escola Soto se concentra no zazen e nada mais.

Shikantaza é a tradução japonesa da palavra coloquial chinesa para "zazen", que significa "sentar-se com um único propósito". Na prática do *shikantaza*, você se esquece até de que está naquela posição sentada, e sua mente penetra o nada. Você não está em busca de iluminação, não está fortalecendo sua força de vontade, não está fazendo nada para melhorar sua saúde — não está pensando ativamente em nada. No Soto Zen, você simplesmente se senta, sem fazer nenhum esforço.

Mas o zazen praticado dessa forma produz um efeito concreto: vai aprimorando sua sabedoria e, com o tempo, pode levar à iluminação. O propósito da meditação, no entanto, não é atingir a iluminação — a iluminação é uma consequência da meditação.

Na prática, ambas as escolas do zen-budismo — Rinzai e Soto — têm o mesmo objetivo: nos aproximar de nosso eu essencial. A diferença está apenas na metodologia que cada uma emprega para isso.

Pensar com toda a dedicação com a cabeça? Ou pensar com toda a dedicação com o corpo?

Qual estilo combina com você?

90

NÃO FIQUE SE GABANDO.

O que as pessoas carismáticas têm em comum.

O verdadeiro carisma aparece sem que uma palavra seja dita.

Algumas pessoas são tão carismáticas que parecem atrair naturalmente as demais. É quase como se tivessem uma aura ao seu redor.

Num *zazenkai*, uma vez discutimos a noção de "habitar um aroma em vez de uma forma".

A ameixeira desafia o inverno, e suas flores exalam uma fragrância indescritivelmente agradável. O perfume não se impõe ao vento — apenas se permite carregar pela brisa. Mas o cheiro de uma pessoa virtuosa se espalha em todas as direções.

Com o carisma ou a aura de alguém é a mesma coisa.

Quando as pessoas enriquecem, ou quando ganham status, tendem a se tornar orgulhosas e exibidas. Mas seu verdadeiro carisma poderia aparecer com mais naturalidade se elas não dissessem uma única palavra.

Como as flores da ameixeira, tento proporcionar um aroma agradável mas sem me gabar disso, vivendo feliz "graças a tal pessoa" e sabendo que "sem a ajuda de tal pessoa" eu não estaria onde estou hoje.

91

LIBERTE-SE DO DINHEIRO.

Quanto mais dinheiro você tenta acumular,
mais ele foge de seu alcance.

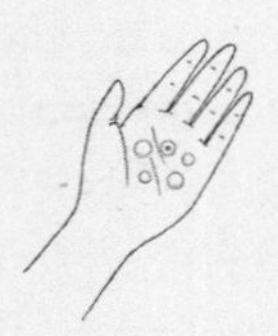

Em que se concentrar para aplacar sua preocupação com o dinheiro.

Às vezes as pessoas me perguntam: "Os monges budistas não precisam se preocupar com dinheiro, né?". Essa pode ser uma pergunta bem difícil de responder.

Apesar de eu ser o mestre zen de um templo, o dinheiro ainda é uma necessidade para mim. Tenho família, e preciso ser capaz de pagar pelas coisas básicas.

De acordo com os ensinamentos zen, pedir dinheiro não é em si um ato errado, mas a questão financeira não deve ser encarada com muita importância.

O fundador da escola Soto de zen-budismo, Dogen Zenji, nos advertiu de que aqueles que se comprometessem com o estilo de vida ascético do budismo não deviam ceder às tentações da fama ou da fortuna. Devemos tentar enriquecer nossa reputação, não nosso bolso.

O mais estranho em relação a isso é que, quanto mais apegados ao dinheiro nos tornamos, mais ele foge de nosso alcance. Em vez de pensar em dinheiro, devemos nos concentrar em nosso propósito maior.

Como eu posso contribuir para a sociedade? O que posso fazer de útil para o mundo? Levando em conta essas perguntas e agindo a partir daí, você descobrirá que o dinheiro no fim vai aparecer.

92

ACREDITE EM VOCÊ, PRINCIPALMENTE NOS MOMENTOS DE MAIOR AFLIÇÃO.

Concentre-se na autoconfiança que está encoberta pela ansiedade.

A ansiedade tem dois lados.

Imagine que você estudou o máximo que podia para o vestibular e que o dia da prova enfim chegou.

Ou que você dedicou muito tempo e esforço para preparar uma apresentação e que agora é a hora de exibi-la.

Embora você tenha a esperança de fazer seu melhor, no último minuto surge uma onda de ansiedade. No caso de algumas pessoas, parece que, quanto mais se esforçam, mais aflitas acabam ficando.

Quando isso acontecer, examine o que está por trás dessa ansiedade. Espero que você consiga descobrir que é a autoconfiança.

Uma vez que encontrar a autoconfiança que está escondida por sua ansiedade, você conseguirá superar qualquer preocupação momentânea.

Por isso é tão importante cultivar o hábito de acreditar em você.

É muito comum afirmar que, se quiser aprender a confiar em si mesmo, o primeiro e maior desafio é ampliar os limites de sua mente, o que proporciona uma sensação de ter realizado alguma coisa, e pouco a pouco esses feitos vão elevar sua autoconfiança.

Vai ficar tudo bem.

Você já conseguiu chegar até aqui, não?

93

PERCEBA AS MUDANÇAS DE ESTAÇÕES.

Isso vai inspirá-lo a seguir em frente.

Nisso reside a única verdade do mundo.

Por mais que o mundo mude, certas coisas permanecem iguais.

Por exemplo, a primavera vai chegar e as flores nascerão, e depois virá o outono para fazer as folhas caírem. Em outras palavras, as coisas seguem seu curso natural. É exatamente esse o sentido do caractere para "buda" na palavra "budismo" em japonês — 仏 —, que significa contentamento, ou a "natureza de buda" das coisas.

Aquilo que chamamos de primavera na verdade não tem uma manifestação física. A primavera não existe materialmente.

Mesmo assim, quando o inverno chega ao fim, o vento norte dá lugar a uma brisa vinda do sul, que traz temperaturas mais amenas. Logo as plantas começam a brotar. Observamos tudo isso e pensamos: "Ah, a primavera chegou".

Mas talvez exista quem não repare nos brotos e nas flores, ou quem veja tudo isso e não sinta nada — para essas pessoas, não existe primavera.

Um poeta chinês da dinastia Song do Norte chamado Su Shi, impressionado com a beleza da paisagem primaveril, disse: "Os salgueiros com seu verde, e as flores com seu vermelho, revelam sua verdadeira natureza". Na forma natural das coisas — é aí que a verdade pode ser encontrada.

Com a mente aberta, repare na verdade presente no cotidiano, na natureza búdica das coisas.

Essa consciência vai nos proporcionar a coragem de que precisamos para seguir vivendo.

94

EXPERIMENTE CUIDAR DE ALGUMA COISA.

Desenvolva afeição por alguém ou por algo.

Entenda o que é importante na vida.

Hoje em dia, cada vez mais gente vem se voltando para a natureza.

As pessoas compram terrenos na zona rural e dedicam seus dias de folga a trabalhar na lavoura. Ou preparam um pequeno canteiro no quintal para cultivar alimentos e flores. Acho tudo isso maravilhoso.

Você prepara a terra e planta as sementes. Preocupa-se com a falta de chuva, ou quando ela vem em excesso. Não se trata apenas do simples ato de cultivar — é uma questão de saborear o tempo e o esforço dedicados a isso.

Quando aquilo que foi plantado começa a crescer, você sente uma felicidade impossível de esconder. E também um alívio. Quanto mais afeto você deposita no trabalho, mais o objeto dessa afeição retribui a energia na mesma medida.

Você pode inclusive pensar naquilo que está cultivando como uma versão de si mesmo. Quando isso acontece, nenhuma gota de afeto que dedica é desperdiçada.

Um tomate comprado no mercado é só um tomate qualquer para você. Mas um tomate cultivado com suas próprias mãos transcende a condição de um simples "ingrediente".

É através desse ato de cultivar que desenvolvemos uma mente preocupada em cuidar das coisas, uma mente que exercita a afeição pelos outros.

95

ESCUTE A VOZ DE SEU VERDADEIRO EU.

Aprenda a apreciar essa forma de compreensão.

Um jardim seco simboliza uma vida de reclusão.

Uma das construções dentro de um templo zen é o aposento do abade, que se chama *hojo*. Historicamente, sempre houve um jardim zen anexo ao *hojo*.

Por que você acha que o abade tem seu próprio jardinzinho ideal, bem diante de sua moradia?

A maioria dos jardins zen é composta de paisagismo seco — que recebe o nome de *karesansui*. Muito tempo atrás, o estilo de vida ideal para um monge zen era se isolar nas montanhas para se dedicar ao treinamento espiritual. Talvez houvesse uma satisfação em viver como eremita, como no caso do famoso monge Ryokan, do período Edo.

Mas na verdade é muito difícil viver assim. Hoje em dia poucos monges se isolam nas montanhas, mas dispõem dos jardins secos para simbolizar esse ideal.

Talvez isso intensifique seu apreço pelos jardins zen.

Da próxima vez que visitar um deles, reserve um minutinho para imaginar que você mesmo se embrenhou nas montanhas.

Transportando-se dessa forma, livre de suas obrigações diárias, sua mente se torna transparente e seu verdadeiro eu pode se revelar de forma inesperada.

96

VALORIZE O FATO DE ESTAR VIVO.

A vida passa mesmo num piscar de olhos.

O tempo passado em desgosto é um tempo perdido.

Nos templos zen, existe uma placa de madeira chamada *han*, que é golpeada com um martelo para assinalar que chegou o momento de alguma parte da rotina diária. Ela pode ter as palavras *Shoji jidai* escritas com nanquim. Você já viu isso? Essas palavras significam: "A vida é cheia de boa e má sorte, mas valorize todos os dias o ato de viver. A vida vai passar".

Meu pai pertenceu a uma geração que viveu a experiência da guerra na juventude.

Certa vez, ele se viu em meio ao fogo cruzado. Foi um ataque feroz do inimigo. Meu pai se deitou no chão, numa tentativa desesperada de escapar dos projéteis. Quando os tiros finalmente cessaram e ele ousou levantar a cabeça, seus companheiros soldados estavam mortos a seu lado. Quando meu pai me contava essa história, sempre terminava dizendo: "Eu me sinto grato por estar vivo e por estar aqui hoje. Nós, seres humanos, somos mantidos vivos por um poder maior e invisível".

Nós somos mantidos vivos — recebemos o dom da vida. E, por essa razão, não podemos desperdiçá-lo.

Devemos procurar nosso verdadeiro eu com a mente aberta e, quando pensarmos nas coisas — quando existirem coisas que queremos fazer —, precisamos nos entregar a elas como se nossa vida dependesse disso. O tempo passado em desgosto é um tempo perdido.

Vamos, abra seus olhos.

Como você quer que seja o dia de hoje?

97

DEDIQUE-SE COM TODAS AS FORÇAS AO AQUI E AGORA.

A vida é uma prática ao mesmo tempo longa e breve.

Meu pai, que aproveitou ao máximo todos os seus dias.

Meu pai chegou à longeva idade de 87 anos. Durante muitos de seus últimos momentos, sofreu com um câncer, mas, por ter vivido por tanto tempo, foi quase como se tivesse morrido de "câncer natural".

No dia anterior ao seu falecimento, ele passou três horas arrancando as ervas daninhas do jardim do templo. No dia em que se foi, acordou cedo como sempre, arrumou o quarto e varreu o chão.

Depois do almoço, sentiu uma tontura e acabou batendo o peito na mesa, após o que foi ao hospital para ver se estava tudo bem. Mediram sua pressão e estava anormalmente baixa, por isso ele recebeu uma medicação intravenosa para estabilizá-la, mas logo depois morreu em silêncio.

Para mim, é uma linda forma de morrer. Não imagino ser capaz de viver como meu pai.

Ele era irredutível em relação a viver o momento. Até o dia em que se foi, dedicou-se a cuidar do jardim e a cumprir com todas as forças possíveis as responsabilidades que lhe cabiam.

Talvez meu pai tenha tido uma premonição sobre sua morte. Mas era uma coisa que ele sempre soube que aconteceria.

Com esse exemplo, ele me ensinou que a prática deve continuar até o momento de nossa morte.

98

FAÇA TODOS OS PREPARATIVOS.

O destino chega para todos nós.

Existem aqueles que aproveitam as oportunidades,
e aqueles que as deixam passar.

Eis uma parábola zen:

Há duas ameixeiras lado a lado. Uma vinha se preparando desde do inverno para que, quando a brisa da primavera chegasse, pudesse estar pronta para florir. A outra começou a pensar em florir apenas quando a brisa primaveril chegou; essa árvore ainda estava tremendo de frio quando o vento mais quente começou a soprar. A ameixeira que estava preparada aproveitou a ocasião e suas flores se abriram, enquanto a outra encarou aquele momento como a deixa para começar a se preparar para florir.

No dia seguinte, a brisa primaveril passou, e o frio do inverno voltou. No fim, a ameixeira que não fez os preparativos não conseguiu florir como deveria naquele ano.

O mesmo vale para as pessoas.

Os ventos do destino sopram para todos nós. Se você vai conseguir aproveitar ao máximo uma oportunidade, só depende do quanto se dedicou e se preparou ao longo do tempo.

99

CONTEMPLE SUA PRÓPRIA MORTE.

Quando não souber o que fazer da vida.

A felicidade está ao seu alcance.

A palavra japonesa *shoji* representa o conceito budista de samsara, o ciclo de morte e reencarnação.

Nós nascemos neste mundo, e então morremos. São apenas dois lados da mesma experiência. Em outras palavras, da mesma forma que refletimos sobre como viver, devemos contemplar nossa morte.

Se você soubesse que sua vida iria acabar daqui a seis meses, provavelmente pensaria muito bem no que fazer durante esse tempo. Mas e se fosse apenas um mês? Uma semana? E se sua vida fosse terminar amanhã? Com certeza, você saberia de imediato o que fazer. Sentiria que não poderia desperdiçar o dia de hoje.

A vida passa num piscar de olhos. É assim mesmo.

Você já passou o dia todo vendo televisão e, quando se deu conta, já tinha anoitecido? "Ah", você pode pensar, "não era minha intenção perder tanto tempo com isso." Quando você quer fazer alguma coisa, ou estabelece um objetivo em sua mente, o tempo que não é gasto buscando aquela meta parece perdido.

Devemos nos esforçar ao máximo para não desperdiçar esse "piscar de olhos" que nos foi concedido.

100

APROVEITE A VIDA AO MÁXIMO.

A vida é uma coisa preciosa, e cabe a nós cuidar dela.

Sua vida é sua, mas não pertence a você.

Pode parecer uma pergunta absurda, mas a quem pertence a vida, afinal?

Para aqueles que logo respondem: "Minha vida com certeza é minha", vamos pensar a respeito por um momento.

No budismo, a palavra *jomyo* representa o tempo predestinado a cada um. Todos nós temos nosso próprio *jomyo*. A partir do momento em que nascemos, a duração de nossa vida já está determinada. Mas nenhum de nós sabe qual vai ser.

Em outras palavras, o ato de viver significa que devemos aproveitar ao máximo a vida que nos foi concedida. Nossa vida não pertence a nós — é um dom precioso, e assim deve ser tratado, com todo o carinho. E, qualquer que seja o período que nos foi dado, devemos nos dedicar ao máximo para retribuir essa dádiva.

Alguns entre nós são agraciados com uma vida longa, e outros podem ter pouco tempo. Não se pode dizer que isso seja justo.

Mas o budismo ensina que o valor de uma vida não é determinado por sua duração.

O que importa é como usamos a vida que nos é concedida.

Como você vai usar a sua vida hoje?

SOBRE O AUTOR

Shunmyo Masuno é mestre de um templo zen-budista de 450 anos no Japão, paisagista premiado de jardins zen com clientes no mundo inteiro e professor de design ambiental numa das principais escolas de arte japonesas. Já foi palestrante em inúmeras instituições, como a Escola de Pós-Graduação em Design de Harvard, a Universidade Cornell e a Universidade Brown.

TIPOGRAFIA Adriane por Marconi Lima
DIAGRAMAÇÃO Osmane Garcia Filho
PAPEL Pólen, Suzano S.A.
IMPRESSÃO Gráfica Bartira, maio de 2024

A marca FSC® é a garantia de que a madeira utilizada na fabricação do papel deste livro provém de florestas que foram gerenciadas de maneira ambientalmente correta, socialmente justa e economicamente viável, além de outras fontes de origem controlada.